「茶柱が立った」と聞いて、
を抜かす：言葉で読み解く日本の歴史と庶民の暮らし

日本語演化論

古川愛哲 著
吳羽柔 譯

誰說笑門福必來？

一本掀開154個詞語面紗的庶民生活史

目次

第二章 日本男女大小事

第三章　日本庶民的日常

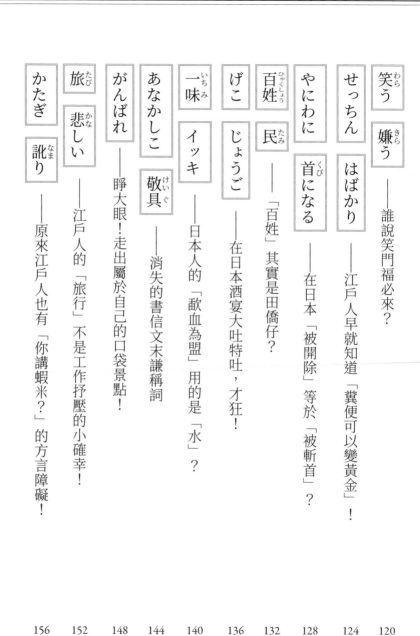

目次

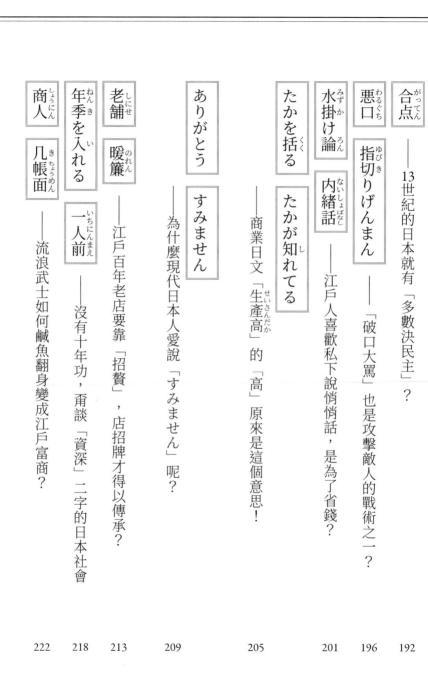

第六章 日本人的戰場心理學

推薦文

國立臺灣大學 日本語文學系 教授
日本研究中心 主任
林立萍

翻開此書，不由得被這段譯文吸引住了：

語言是心之化石—包覆著人類情感，經由時光堆疊、累積起來的東西就是「語言」。

這是原著古川愛哲先生在序言裡提到的一段話。

語言即是文化，同時也是記錄文化的工具。沒有颱風的地區，基本上鮮少甚至於沒有和颱風相關的詞彙表現；多雨的地區，和雨相關的詞彙相對的必然豐富。一地的詞彙表現反映了那一地區該語言使用者思維情感、社會文化、風俗習慣。這已無庸置疑。

比起音聲或語法，語言中的詞彙尤其更容易反映出使用該語言使用集團的思考模式、生活樣貌、文化底蘊。本書透過一百五十四個日語現代常用詞彙、慣用語，從其使用的軌跡歷程帶領讀者一路探索日本的昔與今、庶民百姓的生活樣貌與高官貴族的宮中文化，字裡行間浮現的歷史情節與文化意涵，更是宴饗了讀者一場日語詞彙交響曲。

譯者吳羽柔及編輯跳脫了翻譯書籍的框架，除了運用淺顯生動的文字進行翻譯之外，並盡可能地保留日語詞彙於譯文中，以假名呈現其讀音，這對日語的學習無疑是一大助益。值得一提的是，還爬梳了相關文獻，透過了編注、譯注的方式適時為讀者補充日語語言學、日本歷史、民俗學……等知識。就某種角度而言，本書不僅只是一本翻譯書，也是一本提升日語能力的學習書，更是一促進異文化交流，認識日本、深耕日本學的新視線。

在推薦此書之餘，也非常感謝譯者吳羽柔以及日月文化出版社・EZ 叢書館的所有工作人員，讓本書得以順利付梓，促進了日本研究的深化乃至知日家的培育。

圖片來源：Shutterstock

推薦文

東京大學人文社會系研究科　特任研究員　**陳健成**

本書按內容分六章，每章有十數篇短文。每篇都分成某日語語句在現代日本社會的應用、其本義、以及作者自身對此語所生的感想三部分。文章短小易讀，對日本歷史文化理解較深的讀者，可能覺得不夠過癮，但對認識尚淺的讀者，作者用淺白的文筆帶出對語句的考證，以小見大地從語源描繪出日本歷史文化的各種風貌。對於本書本來所針對的日本讀者，一路讀來，發現日常使用的語句有此淵源，應覺趣味盎然。

至於就華人讀者的閱讀感受而言，書中提供了不少對於華人來說匪夷所思的思路，譬如：「支払い」（支付）的本義、「茶柱」（茶葉梗）的隱喻，略無禁忌。屬實的話，著實令人大開眼界。

語言所呈現的不只是思考方式，還有當時的歷史背景。作者談到方言時，提及在江戶時代會有旅客因和客店言語不通，而得不到想要的料理的小故事。這一方面提醒著研究中國史的筆者：日本國土雖然相對狹小，但地域上的差異在歷史上（或許到今天？）同樣存在。至於一向流行日本人所自豪與及根據一些研究所指「江戶時代識字率高」的說法，在這紙筆不克擔當溝通之任的故事中，也許隱隱透著再度審視的可能。

除了讀後對語源有「原來如此」的驚奇，書中更有趣的，大概是作者的感想（「吐嘈」）部分。例如提到有關「對不起」的日語說法，作者就這樣損了現代人一下：

> **最近似乎不常聽到「ありがとう」（謝謝）了，人們什麼事都說「すみません」。比起罕見貴人輩出的江戶時代，現代人的生活方式總讓人覺得內心鬱悶不暢快。也許是因為如此，現代人才常說「スミマセン」（不好意思）吧？**

還有一段：

> **從歷史上來看，「ハンコ」（引按：印鑑）社会可追溯至古代的律令時代，並且是意圖統領國家的當政者，才會使用印章。不過現今的政府官員都還在使用「花押」，讓人忍不住好奇他們是否還把自己當成武士。**

日本公私機關在疫病流行的今天，終於體會到凡事需要用印這種手續的不便。讀到這段，大概不論日、華讀者，都只能苦笑。

除了本書原文內容精彩，值得一提的是，出版社為了方便讀者，提供了各種編譯註，甚至包括今年才出版的學術論文。這些詳細、準確的編譯注，令本書不同於一般日本文化史讀物，有趣之餘，更兼可信。

作者序

語言是心之化石——包覆著人類情感經由時光堆疊，累積起來的東西就是「語言」。就像考古學家挖掘語源，按時代前後，依序呈現其詞彙意義之變化；接著與歷史相互對照後，也許就能浮現出日本人的「心之歷史」吧！

「嫌う」（厭惡）這個詞據說是從「斬り合う」（互砍）轉變而來，討厭就想要砍了對方——室町時代就是這樣一個時代。「老舗」（百年老店）是「親の為（仕）に似せ」（承襲父母作法）的意思；其中蘊含著「只要百年老店的後代子孫繼承祖先代代傳承下來的家業與規矩，並且嚴守祖先的家訓，世世代代就能安泰順遂」之涵義。

雖然只是個小嘗試，不過我希望在本書中運用一些貼近日常生活、且與教科書八竿子打不著的歷史小故事來說明這些詞彙的起源。透過說故事的方式，讓你輕鬆了解詞彙源頭的同時，也可以從其他角度來看日本歷史，這肯定會讓你對日本歷史有種恍然大悟的感覺。這就是我執筆寫作本書的目的。

我們日本人在日常生活裡，不經意地所使用的詞彙中，有古老到令人驚訝的東西——像一些出自於《古事記》及《萬葉集》或是《源氏物語》的詞彙，現代的日本人可是理所當然地使用著的呢！甚至有些可能還活在日文流行用語之中。

光是知曉就漫長得令人昏倒的這段歷史歲月裡，就讓我們不禁對「語言由父子相傳下來」這件事，感動萬分；更令人驚奇不已的是，我們在不知不覺中，學會數千年以來所累積下來的詞彙，並將其運用在日常對話之中！

語言是活的——詞彙的意思會隨著時代改變，語源也會逐漸被淡忘。這是因為使用者將詞彙運用於物品、對象、事件時之解釋、態度、與其關聯性有了變化；加上時代變遷，人所處的環境之變動，語言的使用方法也產生改變，意義當然也會有所變化。只要掌握語源，就能明白日本人的生活、人際關係及世界觀是隨著時代而有所改變。因此「日本語」也是一部不折不扣的日本歷史。

我並非語言學家，也並非歷史學家；只是一個沉迷於知識大海的雜學家而已。這本書說到底，只不過希望讓讀者有煥然一新的感覺而嘗試寫下的作品。如果閱讀後，能讓你有什麼新發現，就足以令我喜出望外。

希望大家讀完這本書之後，惠賜批評指教；同時我也期待能有下一本作品誕生。於此，請讓我向各位讀者，致上萬分謝意。

古川愛哲

第一章

古代日本的真面目

にっぽん にほん

「倭國」和「日本」不一樣？

古代・飛鳥時代

現代日本人這樣説

東京都中央區有一座從江戶以來就有的「日本橋」，大阪市中央區也有立於道頓堀之上的「日本橋」；但是東京讀作「**ニホン**バシ」，大阪卻讀作「**ニッポン**バシ」。只從「**ニホン**」和「**ニッポン**」發音的不同，也無法完全看出「**日本**」的語源究竟從何而來？已去世的中世史學家網野善彥（あみのよしひこ），曾問年輕官員們：「國名是從什麼時候開始變成日本的？」但沒有任何一位國家菁英能回答；畢竟國名就是這樣一個「自以為了解」的存在。

原來是這個樣

日本最初的國名，是中國隋朝所稱的「倭」，唐朝所稱的「倭國」。「倭」這個漢字有「駝背、弱小、身矮」的意思，「倭」及「倭人」都是一種輕蔑的稱呼。

派出遣隋使、遣唐使前往中國——就表示當時的日本處在由中國王朝掌控的規範秩序之中，也只能配合中國歷史所因襲而來的稱呼。遣唐使的上表文中也自稱「倭國王」，向唐朝進貢，而唐朝會賞賜昂貴物品，遣唐使就在中國境內將這些東西賣掉換錢，接著購買書籍等東西回國；由此可見當時的遣唐使們的「務實」。雖然遣唐使向唐王朝自稱「倭國王」，不過日本國內不用「倭」來自稱，而是使用「大八洲」這個國名。

飛鳥時代後期．大宝二年（７０２）從日本出發的遣唐使一行人，在抵達唐朝楚州後，面對前來詢問一二的唐朝官員，公開表示：「日本国の使いである」（我們是日本國的使節）。此時，唐朝官員詫異不解地說：「東邊海上似乎有大倭國……日本？沒聽過。」其實日本早已在前一年的大寶元年所編撰、公布實施的[1]《大宝律令》裡，正式訂定國名為「日本」了。之所以把國名變更為日本，遣唐使向唐朝官員如此解釋：「日本國者，倭國之別種也。以其國在日邊，故以日本爲名。……日本舊小國，併倭國之地。」（《舊唐書・東夷列傳》）

《舊唐書・東夷列傳》記載了日本列島由小國日本與大國倭國組成，而且本來是小國的「日本國」併吞了「倭國」的歷史；這段史實也可見於成書於西元１０６０年的《新唐書》，只是內容稍有出入，不是「日本國併吞了倭國」，而是「倭國併吞了日本國」。不管是何者，都不影響日本列島原本存在了「倭國」與「日本國」兩個國家的事實。

施行於飛鳥時代・大宝（たいほう）元年（７０１）《大宝律令（たいほうりつりょう）》裡所制定的「日本」，當時把「日本」讀作「ヤマト」或是「ヒノモト」。到了奈良時代（７１０—７９４），決定按漢字讀音，讀作「ニホン」。進入室町時代（１３３６—１５７３）後，「ニホン」在東國地方（現「關東地區」）腔調發音下變成「ニッポン」，西國地區（現「關西地區」）則念成「ニホン」。

古川爺爺的吐嘈

本來在東國地區念「ニッポン」，西國地區念「ニホン」；至於為什麼現在會把東京的「日本橋」念成「**ニホン**バシ」，大阪的則念成「**ニッポン**バシ」，我想其中應該藏著什麼令人哭笑不得的歷史玩笑吧。昭和九年，政府統一念法為「ニッポン」，但在昭和二十年戰敗後，大家對於「日本」不管是叫「ニホン」還是叫「ニッポン」，都無所謂了。近年，在世界級的體育競賽中，統一把「日本」讀作「ニッポン」，就是採用室町時代的東國地方腔調為「日本」加油。既然如此，乾脆使用東國古語「けっぱりやがれ、ニッポン！」（加油，日本！）為日本加油，如何呢？

---

1 【編註】文武天皇治世時所制定之法典。

おまる しびん

帶著夜壺上朝去！

飛鳥時代

現代日本人這樣說

人生從「**おまる**」（便盆）和「**しびん**」（尿壺）開始，年老時同樣受其恩惠後就死去；對「おまる」（便盆）和「しびん」（尿壺）都不需要再多細說些什麼，大家不說「攜帶式便盆」、「攜帶式尿壺」，因為只要說「おまる」、「しびん」就能通。「おまる」（便盆）和「しびん」（尿壺）就是因為如此貼近我們的生活，所以大家根本沒思考過「它們到底是什麼？」——所謂的「人類」就是這樣子的動物吧。

原來是這個樣

「**オマル**」的源頭可追溯到《古事記》的時代，位在高天原的天照大神的神殿裡，天照大神的弟弟素戔嗚尊「糞まり散らし（亂大便）」的史事。「糞マリ散らし」的「糞マリ」是指「排泄」，把其中的動詞「マ・リ」名詞化後，就是「おまる」（便盆）的語源。這是從神話時代流傳到現在的詞彙，但我們都不知道「おまる」竟然是如此地古老，而懵懵懂懂地使用著。平安時代的豪華宮殿裡沒有洗手間，所以宮廷裡的人都使用「まり筥」（便桶），貴族和女官也都使用「まり筥」。「まり筥」是表現更為露骨的詞彙，是指「排泄用的箱子」。

「**シビン**」又是怎麼來的呢？漢字寫作「溲瓶」，「じびん」和「溲瓶」的發音，幾乎沒有太大不同。「溲瓶」的日本漢音[2]讀作「ソウヘイ」，唐人念作「シュ

---

2 【編註】日文漢字的音讀方式，大致約可分成三種：呉音、漢音、唐宋音。唐朝之前傳入日本的中國南方呉地的發音，稱作「呉音」；唐朝傳入日本的漢字發音，稱作「漢音」；約在中國明清時期左右（相當於日本鎌倉時期之後）傳入日本的漢字發音，稱作「唐宋音」。

ビン」；由此可知，這是從中國唐朝傳入日本的東西。「溲瓶」的「溲」指的是尿，「瓶」是指容器。《漢和字典》將其解釋為「放在床鋪附近，小便時使用的容器」。唐代的中國宮殿似乎也沒有洗手間，因此模仿唐朝「長安城」所建造的「藤原京」的宮殿，也沒有洗手間；朝臣們都是帶著自己的便盆和尿壺上朝工作的。

另外，「まり筥」（便桶）和「シビン」（尿壺）可以幫我們解開日本古代史的重要謎團——為什麼古代京城壽命都短命呢？

日本從飛鳥時代開始就不斷地遷都，從飛鳥京到藤原京，接著到平城京、再到長岡京，又轉往平安京。其中不得不和大家說說「藤原京」這個日本第一個正式的巨大京城。「藤原京」是個四平方公里的宏大都市，採用「条坊制」（里坊制）的城市格局，天武天皇在位期間的西元680年開始建造，於持統八年（694）由持統女帝正式遷入，但於十六年後的和銅三年（710）又大舉遷都到平城京；藤原京的壽命相當短暫，平城京也僅存七十四年，西元784年又遷都到了長岡京。之所以如此頻繁地遷都，其中一個理由就是「宮廷裡沒有洗手間」。

在宮廷工作的朝臣與女官，利用裝滿沙子的「まり筥」（便桶）和「しびん」（尿壺）解決內急後，就直接把排泄物倒進飛鳥川裡。據說京城內的居民有三萬到四萬人，這些人也在深1公尺、長1.5公尺、寬50公分的大洞上擺放踏板，接著踏在上面

「噴灑糞便」。這些排泄物將會通過寬約30公分的水溝流進飛鳥川，想當然爾，這條水溝馬上就會阻塞不通。其中也有用抽水肥的方式處理，抽完之後這些排泄物仍舊傾倒在飛鳥川裡。

飛鳥川不僅堆積了從河川上游沖刷下來的砂石，還被亂倒垃圾、糞便，河川因糞尿而變得混濁骯髒，整個藤原京也因此而瀰漫著難以忍受的惡臭；終於在慶雲三年（706）——遷都到藤原京僅僅過了十二年，持統女帝就憤怒地在詔書上寫著：「京内外に悪臭が多くある。これは役人が怠慢だからだ」（京內外惡臭不堪。這是官吏的怠慢而成的）。

挖掘藤原京的遺址時，發現到處都有蛔蟲卵，一平方公分大小裡，起碼有上萬個卵。當時的人似乎會生吃蔬菜與河魚，所以也有肝吸蟲（Clonorchis sinensis）、橫川異形吸蟲（Metagonimus yokogawai）等寄生蟲，也出土了許多用來驅蟲的紅花花粉——這些出土遺跡印證了「藤原京到處都是糞便」的情形。

古川爺爺的吐嘈

想必藤原京的居民們都因為蛔蟲與吸蟲而看起來病懨懨的，而且糞便一遇洪水後，就會四處流溢，四處流溢的糞便，便會導致傳染病流行；由此可知，飛鳥京之所以短命，就是因為「到處都是大便」！

朝礼　拝む

「朝廷」是指早上的庭院？

飛鳥、奈良時代

現代日本人這樣說

「会社に入ってみたら驚きましたよ。中学生以来、もう無縁と思っていた朝礼がありましてね。あげくに年始には神社に参拝して拝むんですよ。」（進入公司後嚇一大跳！因為竟然有我以為從國中之後，再也不會碰到的朝會！不僅如此，新年正月時，公司職員們還要集體到神社參拜）。

一問之下，這類公司出乎意料之外地多！我想這類公司大概是想遵守日本古來的傳統吧，但很可惜地，實際上這種作法與古來傳統，相差甚遠。

原來是這個樣

「朝礼(ちょうれい)」（朝會）是「朝廷的儀式」，所以這是日本朝廷誕生之後才出現的規矩。翻閱辭典，可知「朝廷」一詞是指「天子執行政治行為的地方；天子問政之處」，具體的地點有「廟堂、朝堂」。之所以特地將「宮廷」寫成「朝廷」，是因為古代天子會在一大清早召集群臣、處理國家大事。因此大臣們到「朝廷」工作，則稱作「朝参」，日文讀作「チョウサン」，而非「アサマイリ」。不過實際上就是稍後會提到的「朝参り(あさまいり)」（早晨到寺院拜拜）——因為真的「雙手合掌叩拜」了。

「拝む(おがむ)」（拜拜、叩拜）是一種參禮方式。直到今日，到神社「參拜」時，也會看見寫著「一鞠躬兩拍手」的參拜順序；只是這並非古法，古代的「叩拜」禮儀才沒有如此粗略簡單。「拝む(おがむ)」的語源來自於「折れ屈む(おれかがむ)」（彎腰屈身），從詞語源頭，便可知道「拝む(おがむ)」需要彎腰屈下身體。具體來說，就是「跪下、彎腰並拍手」，甚至還要拍手三十二下！這就是「拝む(おがむ)」的古法。這個古法，從飛鳥、奈良時代一直持續到平安時代初期。

到宮殿上班的時間與方式，是在大化(たいか)三年（647）訂定。根據規定，擁有位

階者，務必要在寅時（凌晨三點～五點）在宮殿南門之外，排成左右兩列，等待上朝。天色未明之際，貴族們就要在宮殿門前集合，並且排成兩列，等待太陽昇起。等到朝日探頭後，大家再一齊穿過大門，進入宮殿庭院。

上述就是「**朝廷**」一詞為什麼來自於「**朝庭**」（早上的庭院）的原因。貴族們在庭院中朝著內裏[3]方向，跪下屈身，接著拍手三十二下；有「再拜」時，這些動作可能要再重複一次。結束「朝礼」（朝會）後，貴族們再到各單位上班。

古川爺爺的吐嘈

那麼，遲到的人會怎麼辦呢？規定上寫著「遅く参る者は、入り侍ることをえざれ」（遲至者，不得入內），所以遲到的人，沒辦法跨進宮廷門。遲到的人並不需要在宮廷門前罰站，可是必須被列入「缺席」名單，所以他們只能垂頭沮喪地回家。

「朝廷」是指太陽一昇起，貴族們就得開始上班，下班時間則是聽到午時（正

3 【編註】天皇居所的私人領域。

午）鐘響，就可以回家了。這種工作型態是當時東亞的基本型態，唐朝也是相同。不同的只有朝著宮殿內裏「叩拜」的方法，如《魏志倭人傳》中記載著「倭人會拍手」——這是日本獨有的作法。身分比較尊貴的貴族們到了中午就可以離開宮廷，但身分低微的宮人們還要繼續加班。根據奈良「平城京」遺跡所出土的「大學寮」木簡可知：宮人們一年中有兩百十一天的日班與一百四十天的夜班，幾乎沒有休假；班表上約四成的時間是夜班。

迎接新年與舉行天皇即位大禮的時候，都會舉辦「朝賀」——百官會群聚在每天清晨進行叩拜禮的「朝庭」，重複四次「下跪、拍手三十二下」的動作來叩拜天皇。延曆十八年（799），在平安京舉行的新年朝賀，因為有渤海（國）的使節列席，所以不同於往年的繁複，只需要對天皇叩拜兩次，且不需要拍手。之後，便停止拍手而轉為[4]「拜舞」——這是一種左右搖擺身體，以示謝意的舞蹈；現已失傳。

4 【編註】依據日本古代史書記載，臣子上朝謁見天子時所行之禮儀動作，稱作「拜舞」，又可稱作「舞踏」。當天皇賞賜給臣子官職、官階或俸祿時，臣子會行「拜舞」之禮。

おかげ ひいき

奈良・平安時代開始就有靠爸族喔？

奈良時代

現代日本人這樣說

「お蔭様(かげさま)でございます。毎度(まいど)ご贔屓(ひいき)いただきましてありがとうございます。（托您的福，謝謝您每次都特別關照我們。）

如果有人這樣打招呼，你會怎樣解釋呢？大概是會解釋成：「あなたのおかげでございます。いつもご来店(らいてん)いただきありがとうございます。」（多虧有您的光顧。謝謝您常光臨本店）。然而，當你知道語源後，肯定會對開頭那句話感到啞口無言。

原來是這個樣

「**お蔭様**」（托福）是「お・カゲさま」，「お」是表尊敬的接頭語，問題在於「カゲ」的語源。「カゲ」指的是「庇護」，也就是「神佛庇護保祐的模樣」的意思，因此「おカゲさま」才會加上「様」（模樣）。「おかげさま」並非感謝你，而是在感謝神佛的庇護。

「お蔭様」的後面會接著出現「毎度、**ご贔屓**」（每次，特別關照），「贔屓」一詞是來自於中文的「贔屭」，「ひいき」也是從「ひき」轉變而來，意思是「幫忙自己中意的人」，用法有「観音のひきで」（觀音的庇護）等等。

話說回來，「お蔭様」的意思早在奈良、平安時代已經從「神佛力量的庇護」轉變為「人為力量的協助」。不寫「お加護」（庇祐保護）而寫成「お蔭」這一點相當值得矚目。漢字中的「蔭」意指「草木陰影處」，同時也有「受到祖父、父親之幫忙、庇護」的意思，因此引伸為「靠祖父、父親的力量謀得官職」。

中國有「蔭位」這個名詞，念為「インイ」，是「因為祖父、父親位處高位，孩子託他們的福，剛入朝就能任職高位」的意思。奈良時代及平安時代也採用「蔭位」制度，高官的子孫，可以因為祖父、父親身處高位而當官。像這種「靠祖父、父親的力量而受到庇護、關照」的人，現代的話來說就是「靠爸族」。

[5]「三位以上的貴族子弟，二十一歲當官就能有「從五位下」的地位。「從五位下」的官階到底有多崇高呢？將其與祖父、父親的出身不是貴族的普通官員一相比較，馬上就能明白。十八歲的田辺道主只是[6]「舍人」，二十八歲任官時是官階最低的[7]「少初位」。如果沒有長輩的「蔭位」（因應先祖、父執輩高位而被賦予的官位）幫忙，未滿二十五歲的人是無法當官的。沒有「蔭位」庇護的田辺道主一步一腳印地奮鬥了將近五十年，終於爬升到「正六位」，光榮退休——那時的他卻已經六十五歲了。

相較於田辺道主，三位貴族的子弟年僅弱冠二十一歲，就能空降，自「從五位」開始做官，而且年收可是田辺道主六位職等的兩倍。難道田辺道主這五十年來的努力沒有任何意義嗎？我想，田辺道主本人應該對自己的成就感到知足了吧，畢竟六

5　【編註】日本古代官員的位階，最高階為正一位，一位到三位又分正、從，四位以下除了正、從之外，正、從還各有上、下。

6　【編註】宮廷中的雜役。

7　【編註】古代日本官僚體系裡，最低階的官位。原文寫「小初位」，經考證，應作「少初位」。例如：古文書資料《式部位子少初位下上毛野君大河勘本経》（福井縣文書館）。

位到八位者的子弟，二十一歲時就能接受成為官人的考試，接著分發到單位工作。只要受到高位貴族的關照，也能很快出人頭地。換句話說，田辺道主已經為他的孩子們開創了一條道路。

話說回來，在奈良、平安王朝，如果父母並非官員，孩子也沒有辦法當官；因此「成為官員」這件事，被稱為「出身」（「當官」的意思）。「蔭位」制度以各種不同相貌，一直延續到了江戶時代，到了明治時代之後，仍殘留些微痕跡。例如：過去在外務省（相當於台灣外交部），父執輩曾是高官的孩子會被優先錄取。

古川爺爺的吐嘈

現在也會聽到有人問「你出身是哪裡？」，真正的意思或許是在問「你如何得到現在這份工作的？」，然後會因所回答的「校友會」、「同鄉會」之不同而受到差別待遇。

就是因為現代社會的一隅還殘留這些不公平的傳統，「贔屓の引き倒し」（愛之足以害之）——才會到處都是愚蠢官僚與政治家。

あこがれ
こたえられない

唐代豪放女是日本遣唐使夢寐以求的女神？

奈良時代

現代日本人這樣說

前幾天，一位友人出席了美女空姐與醫生兒子結婚的盛大、豪華的結婚典禮後說：「誰もがあこがれる美人だったな。あんな美人が『おかえりなさい。お風呂にします？それともお食事？』なんて……うー、こたえられない。」（新娘是任誰看了都欣羨的美人呢！要是那種美女對我說：『歡迎回來，要先洗澡嗎？還是要先吃飯？』……唔～我會受不了啊！）

這幸福的情景只不過是友人的妄想。事實上，這對夫妻結婚一年後，就離婚了；友人聽到這消息時，也大笑到流淚說：「うー、こたえられねえ。」（唔～

我還真的會受不了呢）。如此看來，「こたえられない」（受不了）真是一句離奇曲折、讓人「難以一言道盡」的詞語啊。

原來是這個樣

「こたえられない」一詞來自於「耐えられない」（無法忍受），「こ」是「強調語氣」。到了日本中世，則以「こたへる」形態出現，是「耐え続ける」（持續忍受）、「こらえる」（承受、忍耐）的意思。到了江戶時期，才在「こたへる」的後面加上「ぬ」——等同於現代日本語的否定詞「ない」，形成「こたえられぬ」；語意上也轉變成「我慢できない」（無法忍受）、「耐えられないほど良い」（好到讓人受不了）。江戶人想表達「たまらなく良い」（好到受不了）的時候，就會使用「こたえられねえ」這一詞語。

「**あこがれ**」（憧憬、欣羨）出現於平安時代，是一個比「こたえられない」起源更早的詞彙，。在平安時代，「あこがれ」寫成「あくがる」；「あく」意指「事情、場所」，「がる（かる）」則有「離開」的意思。因此「あこがれ」一詞，不僅有「受到某場所、物品或人的吸引，心離開身體」、「心不在焉」的意思，還有「男女感到厭倦而想要離開這段關係」的意思。另外，「あくがれ」的「あく」也有「腳」的意思。「あくがれる」約從鎌倉時代左右開始，就念成了「あこがれる」。

話說自古以來，日本人所憧憬的國度就是中國。對前往中國的年輕遣唐使或留學生而言，長安城有許多「こたえられない」（讓人受不了）的好東西——尤其是「唐代豪放女」的魅力，銷魂地「讓人受不了」。

霊亀二年（716）十八歲的阿倍仲麻呂被派往唐朝，而且在唐朝科舉考試中登第——科舉是中國的任官考試——他在唐朝政府做官，結果錯失回國機會，就這樣客死異鄉。一般認為：阿倍仲麻呂應該是和唐朝女性結婚了，所以選擇在唐朝做官。之所以會有這樣的揣測，是因為和阿倍仲麻呂一起來到唐朝的隨從——羽栗吉麻呂就娶了唐朝女性為妻，而且生了兩個兒子，後來兩個兒子也來到日本，並留下了二人活躍於日本官場的紀錄；由此推敲，難以想像隨從在唐朝娶妻生子，而主人卻單身一人居留在唐朝。

藤原清河與阿倍仲麻呂的經歷，幾乎相同。藤原清河和唐朝女性生了一個名為喜娘的女兒。根據文獻資料，我們可以確定在藤原清河亡故後，經唐朝政府許可，他的女兒被帶回日本。喜娘在日本生活的情況，就沒留下任何紀錄。

對日本人來說，唐朝女性肯定有令人無法擋的魅力，甚至可以認為這就是讓他們勤奮念書，參加科舉考試，進而成為唐朝官吏的理由。據《続日本紀》的記載，遣唐使粟田真人身處日本人心神嚮往的唐土上，欣喜雀躍地向日本政府報告唐人對日本的看法：

「海の東に大倭国があり、これを君子国といい、人々は豊かで楽しみ、礼儀に敦いと聞いている。今、目前のあなたを見たところ、姿はとても清らかだし、聞いていている大倭国の話は確かに本当なのだろう。」（海之東方有大倭國，聽聞這是個君子之國，人人豐饒樂業，禮儀仁厚。現在，看見在我面前的你，樣貌整齊清潔，傳聞中的大倭國確實是真的吧）。

古川爺爺的吐嘈

日本人得到憧憬之地的人的讚揚，因而陶然痴醉，會出現「こたえられない」（受不了）的心情——或許就是從這時代開始的傳統吧！

都（みやこ）ひなびた

上位不正，災害不斷──兄弟們，反了啦！

奈良時代

現代日本人這樣説

「ゆっくり骨休（ほねやす）めをするなら、ひなびた温泉（おんせん）にかぎるね。露天風呂（ろてんぶろ）なんかあって、一杯（いっぱい）やれたら最高（さいこう）。風呂（ふろ）から上（あ）がると、仲居（なかい）さんは雅（みやび）な十二単（じゅうにひとえ）なんか着（き）て、お酌（しゃく）したりして。新（あたら）しい王朝風（おうちょうふう）メイド温泉（おんせん）！なんて、俺（おれ）って天才（てんさい）？」（如果想要好好休息，當屬有古樸氛圍的溫泉旅館了吧。如果在露天溫泉來上一杯，就太棒了。洗好澡後，女侍還穿著優雅的十二單為我斟酒！新世代王朝風格的女僕溫泉！哈哈～我怎麼這麼天才！）

要真把日文説成這樣，那就是已經超越天才的「無知」了。「雅（みやび）」是指「京城風格」，而「**ひなびた**」的「ひな」」是「鄉下」的意思；所以這句「天才」日文，根本充滿矛盾啊！

原來是這個樣

「**都**(みやこ)」（京城）也可以寫成「京」，以日文漢字標示成「宮処(みやこ)」時，意思是「宮(みや)」（天皇）所在之處。這是自古代流傳下來的詞彙。與之相對，遠離京城的地方就稱為「ひな」，在《古事記(こじき)》中寫作「比那」，到了飛鳥、奈良時代，作為官員教科書的《日本書紀(にほんしょき)》則寫成「戎夷」，讀作「ひな」。

漢字的「戎夷」在中國讀作「ジュウイ」，「戎(じゅう)」是西方、「夷(い)」是東方的異民族，兩者皆有「蠻人」之意。從古代中國漢族來看，「ひな」就是野蠻的鄉下地方——這是一種以「京都為中心」的中華思想。「ひな」加上接尾語「びる」後，就變成「ひなびる」，動詞「ひなびる」再變成「**ひなびた**」，帶有「鄉村風」、「鄉巴佬」、「鄉下口音」的意思。

說起來，還有「鄙(ひな)の都(みやこ)」（鄉下地方的京城）這個詞彙，指的就是[8]「国府(こくふ)」，相當於現今的縣政府，由「国司(こくし)」（相當於唐代的「縣令」）治理。雖然「国守(こくしゅ)」（相當於唐代的「刺史」）是管理「国司(こくし)」的最高官職，實際上仍屬於被中央派遣到外地任官的職位，帶有「左遷」涵義的官職。還有比「国府(こくふ)」更重要的「遠(とお)つ都(みやこ)」（遠

方的京城），這是指設置在九州・福岡的「大宰府」。「大宰府」是負責與中國、朝鮮等國聯繫的窗口，因為是「京城」對外辦事處，所以規模相當宏大。

但再怎麼說，大宰府仍是位處偏鄉之地，就算是大宰府內的最高首長——「大宰權帥」，實際上還是屬於「左遷」的官職。因左遷到大宰府而哀嘆的人物當中，最有名的當屬平安時代醍醐天皇的右大臣「菅原道真」。因菅原道真受到當權者——藤原時平的陷害而被貶謫到大宰府，後來菅原道真就在大宰府內看著月亮過世了。

平安時代之前的奈良時代，就有一位被貶謫到大宰府，也不願忍氣吞聲的人，就是「藤原広嗣」。藤原広嗣出生於名門中的名門——[9]藤原家四兄弟之一的「藤原宇合」之家，原本應該是可以爬到左右大臣之位的人物，但藤原四兄弟因天花流行而接連衰敗，於是天平十年（738）藤原広嗣遭當權者——橘諸兄的陷害而被貶謫到大宰府去了。

8【編註】日本律令體制下成立的「国府」，由中央朝廷派遣官員到地方任職；任職於「国府」的地方官員，稱作「国司」。「國府」是負責管理一地的政治、軍事、交通等事務，與「国司制度」共生共存的的政府機構。

9【編註】按照長幼排序，分別是「藤原武智麻呂」、「藤原房前」、「藤原宇合」、「藤原麻呂」四人。

兩年後，藤原広嗣率領一群九州鄉下勇夫，提出「僧の玄昉と吉備真備を朝廷から排除せいよ」（將僧侶玄昉與吉備真備捻出朝廷）的訴求，從大宰府舉兵，攻向京城。然而，藤原広嗣卻敗給了京城派出來的討伐軍，在逃亡途中，不幸被討伐軍擒服，便和弟弟藤原広綱一起被斬首。以往，起兵於大宰府的「藤原広嗣の乱」（藤原廣嗣之亂）一直被解釋為派系鬥爭，直到近年找到了記錄這段有關大宰府歷史的文獻，證實了大宰府曾因大地震而遭受毀滅性破壞。

古川爺爺的吐嘈

「地震」被看作是上天對當今政權的懲罰（中國傳統天譴思想），天平六年（734）——藤原広嗣被貶謫到大宰府之前，平城京附近也斷斷續續地發生芮氏規模7～7.5的地震。這個地震發生於吉備真備和玄昉從唐朝返國的[10]前一年，所以藤原広嗣不應該把矛頭指向吉備真備和玄昉二人，應該要抨擊的是當時寵愛這二人的皇后——藤原光明子吧。不管怎樣，日本歷史上的叛亂、戰亂背後都和「風雲變色的自然災害」有著密不可分的關係。

ひどい どうり

「鴨霸」才是王道的時代

平安時代

現代日本人這樣說

「どうりでこんな事件(じけん)が起(お)こるはずだ。ひどい話(はなし)だ。」（難怪會發生這種事情。想想真是太過分了！）常看見新聞媒體報導一些讓人不禁嘆息的事件——唉，這個時代也變得太糟糕了。

10【編註】依據《扶桑略記》「天平七年四月辛亥日」條目，記載了吉備真備和玄昉二人順利回到平安朝。由此可知，吉備真備和玄昉二人回到日本的時間是「天平七年」（735）。

原來是這個樣

「酷(ひど)い」(過份)是借字，「**ひどい**」是「非道(ひどう)」(殘暴)形容詞化後的字彙，意指「非正道」、「反正道」。「どうりで」的「**どうり**」就是「道理」；簡單來說，就是指「那件事應該如此」、「事物的條理」的意思。這是平安時代後期廣為人知的詞彙，表示當時是個要求「非道(ひどう)」(不講理)與「道理(どうり)」(講理)的時代。透過《源氏物語(げんじものがたり)》來看平安時期就能更加明白——這是個「鴨霸、不講理」(非道(ひどう))橫行、囂張的時代。

《古今著聞集(ここんちょもんじゅう)》中記載著：承德(じょうとく)二年(1098)五月被任命為「大宰権帥(だざいのごんのそち)」大江匡房(おおえのまさふさ)(1041—1111)結束任期，回到家鄉時的故事。「大宰権帥(だざいのごんのそち)」大江匡房(おおえのまさふさ)從九州歸鄉路上，將任期中的物品分為兩艘船運送回京。一艘是有「取之有道的物品」(正當報酬)的「正道之船」，另一艘是載有「強行取得的物品」(不正常報酬)的「鴨霸之船」；分為兩艘船運送後，「正道之船」沉沒，而「鴨霸之船」平安抵港。大江匡房(おおえのまさふさ)之所以這樣做，是為了想知道，社會是不是真的無可救藥，人也不再正直了呢？實驗過後，果然是如大江匡房(おおえのまさふさ)所預料的：「『鴨霸之船』平安無

事。藉此告誡後世凡事要小心為上。」由此可知，平安時期是個「不講理」（非道）比「講理」（道理）更加肆無忌憚的時代。

還有一位以「鴨霸」手段於王朝中建立起榮華富貴的著名人物——藤原道長。他不但是平安王朝的太政大臣（相等於現代的「總理大臣」），也是天皇與皇太子的外祖父、三代天皇后妃的父親，是個在平安王朝呼風喚雨的人，因此直到晚年，他都非常地「鴨霸」。被認為是《源氏物語》主角光源氏原型的藤原道長，也和《源氏物語》的作者——紫式部，有著親密的關係，可是《紫式部日記》卻沒提到太多與藤原道長有關的事情。

到了晚年，藤原道長為了祈禱自己能前往西方極樂世界，在鴨川河岸邊建造了宏大的法成寺（現今京都御所西側旁一帶）；可是建造寺廟使用的礎石，是用武力從京城建築物搶奪來的，連羅城門、神泉苑之門、離宮的乾臨閣、大內裏中的左右京職、穀倉院等機關的礎石也都搶奪了過去，用來蓋寺院。藤原道原為了搬運礎石，毫不留情地拆除了搬運路線上的民房，甚至在白天強制徵招京城中的人民，強迫他們從事搬運巨石的粗工。

藤原道長之所以能這麼「非道」（鴨霸），是因為他擁有一批保鏢與武士。平安時代武士就是一群秉持「為了主人，連神佛也不怕」想法，做出各種「非道」（鴨霸）作為的人；不過生在平安時代的他們，地位極為低下。

古川爺爺的吐嘈

平安時代的貴族是如何「鴨霸」？武士又是如何被欺壓？

有個下級貴族，名叫「県犬養永基（あがたいぬかいのながとも）」，從很久以前就很喜歡一位鎮上的美人妻，於是他趁著美人妻的丈夫不在家，闖進美人妻家裡，強暴了她，還強行把她帶回家，變成自己的妻子。美人妻的丈夫是個名叫「道吉常（みちのよしつね）」的武士，沒有官位，因此就連用武力奪回自己的妻子，也辦不到，只能去告官而已。平安時代的貴族仗勢官位，比武士們更加「鴨霸」，難怪後來會由武士階層接收天下。

病(や)む　健(すこ)やか

病美人最吃香？健康美，靠邊站的時代

平安時代

現代日本人這樣說

「病(や)むこともなく、どうぞお健(すこ)やかに。」（請您常保健康，無病無災！）

聽人這樣說，應該沒有人會感到不悅吧。再怎麼說，現在都是「疾病」非常多的時代——從「衰老病」到「心病」，甚至還有「社會之病」呢。生存在這個百病叢生的現代社會，希望永遠「健康」，大概也是一種病吧！

原來是這個樣

「**やむ**」（生病）這個詞彙是從「止む」（停止）而來的，因為如果生病了，不管工作還是日常生活，都得「停止」。漢字的「病」，「疒」表現了在床上睡覺的樣子，而「丙」則是雙腳大張伸直的樣子，因此「病」這個漢字是指「身體失去彈性，無法動彈」，這與日文中的「止む」相互連結、呼應後，進而有了「難受、痛苦、無比苦惱」的意思。

「**すこやか**」（健康）的古時寫法是「すくやか」，「すく」源自於「すくすくし」（率直不造作）、「すくすくと伸びる」（健康且有朝氣地長大），這些詞語裡的「すく」，在平安時代寫成「すくよか」。漢字的「健」是指「身體長高、很有精神的樣子」，這也與「すくよか」帶有「精神飽滿貌」的意思相互呼應。

與現今社會不同的是，「すこやか」（健康）這個詞語，從平安時代到日本中世紀，並不受到歡迎。因為「すこやか」有「身體健壯」、「冷淡」、「剛毅」、「粗壯且很勇猛」等意思。鎌倉時代的吉田兼好甚至把這個字解讀為「為人正直、剛硬、不解風情，毫無不矯揉造作」，簡單來說，就是指這個人唯一優點只有「健康」的意思。

相較「すこやか」（健康），在平安時代，「生病」反而更受歡迎。紫式部在《源氏物語》曾寫道：「煩ってやつれている病人の姿は大変美しい」（心煩憔悴的病人模樣相當美）；清少納言在《枕草子》裡，甚至還寫了「虫歯の痛みをじっとこらえている姿に風情がある」（一逕忍受牙疼的模樣相當優雅）、「物を吐くといって起き上がっている病人は、ひどくいじらしく可憐に見える」（想要吐而起身的病人，看起來相當惹人憐愛、楚楚可憐）等近乎自虐的內容。

古川爺爺的吐嘈

不過，以上所說的都是平安宮廷裡的女官才能享有的從容優雅。從平安時代開始，生活在宮廷裡的人，或許可說都患有心病吧；因此平安朝女流文學的世界，無法當成平安時代一般的價值基準。畢竟離開了宮廷，只要一「生病」，收入也會跟著停止，死了也沒人弔唁，到處都是被隨便埋一埋的人。從「ほうむる」（埋葬）的語源——「放る」（丟掉拋棄），就可以知道一般人死亡後的遭遇。

人無法逃離「疾病」的魔掌，「常保健康」是天方夜譚——因為我們沒有辦法避免老化；因此明治時期之前的日本人對「養生」都還是抱持著隨性、不強求的態度。例如：江戶時代中期有名的蘭醫——杉田玄白，在八十四歲所撰寫的隨筆裡，感嘆著：「老耄、健忘、体の不自由。老いの苦しみや惨めさを知らない者だけが長寿を願う（老了，就剩下）衰老、健忘、行動不便。只有不知道變老痛苦與悲慘模樣的人，才會希望長壽」。直到近代，才出現一味地把「健康至上」當作免死金牌的風潮，這和為了戰爭而需要養出健康士兵有關。大家爭相養育出「健康優良兒童」，下場就是一場又一場戰爭的發生，昭和二十年（１９４５）日本國民的平均壽命，因戰亂而降到二十五歲，這真是「諷刺的歷史」。

江戶中期的[11]黃表紙《一流萬金談》（１７８１）中有這樣一個寓言故事：「得到『可以活到一百歲的藥』的主角，為了購買長壽藥而破產，變得十分落魄。他想著：『也沒有活著的意義了，乾脆就喝毒藥自殺吧！』殊不知長壽藥的藥效驚人，他根本死不了！主角哀嘆著：這是造了什麼孽啊……」——畢竟如果沒了錢，長壽也沒有什麼意義了。

歷代政府一股腦兒地獎勵長壽，卻也讓老人散盡年金，真是令人聽了痛心的事情啊！

いましめ　つみ

平安時代也有廢死聯盟？

平安時代

現代日本人這樣說

只要學校或是職場發生什麼事件，該單位長官在記者會上，常會說到這句話：「罪を犯した本人のみならず、今回のことは全員が、今後のいましめとして取り組んでいきたいと思う所存です。」（這次的事情，不僅是引起騷動的當事人，我們全體也以此作為教訓，銘記在心，謹言慎行）。

11　【編註】「黃表紙」是日本「草双紙」的一種表現形態。至於「草双紙」是日本近世初期~明治初期的帶有插圖的小說，而「黃表紙」的內容取材於時事閒話，或一些荒唐滑稽的故事。這一文類的特色，便在其滑稽諷刺的一面。

對現代人而言，這種道歉文聽起來千篇一律，超級無感的吧，那是因為大家還不知道這些詞語的「原來面貌」，看起來有多嚴肅！

原來是這個樣

「つみ」（罪行）是從《古事記》時代，便存在的古老詞彙，但原來的意思並不是指現代人所謂的「違反法令的行為」，而是指「タブーを破る」（觸犯神祇信仰禁忌）。「觸犯禁忌的罪行」可分成「天津罪」（對天神不敬而犯下的罪行）與「国津罪」（對地祇不敬而犯下的罪行）。具體來說，「天津罪」源自於「素戔嗚尊在高天原所犯下的罪行」，泛指「破壞水田農作或輕率自私的行為」。在神道信仰下，「水田」和「人類」都是天神的所有物，因此不可任意破壞水田或有輕率舉動。至於「国津罪」[12]則是指人類因做出淫穢行為而引發自然災害，所犯下的罪行。

「天津罪」與「国津罪」皆為神明所厭惡的行為及事情，但並沒有藉以懲戒其罪行的刑罰。「祓う」（除不祥、祓除）使神明震怒的不潔，即為贖「罪」。在平安時代，面對「罪惡」的基本應對，就是「除不祥、祓除」，因此當時並不是「罪與罰」

的概念，而是「罪與除不祥」。

有各種「除不祥、祓除」的方法，其中一種叫做[13]「御禊」（以水潔身）。現代日本社會仍存在著「御禊」的觀念，例如：報紙或電視新聞會在犯法的政治家等，服完刑期，沉靜一段時間之後，又再復出的這個過程，以「みそぎをした」（完成「潔身儀式」了）稱之。由此可知，古代日本與現代日本對於「犯法」與「贖罪」所抱持的觀念，相差甚遠。

古代的「天津罪」、「國津罪」，以及「祓う」的方式，皆可見於平安時代初期的[14]《延喜式》。平安時代也發生了殺人案件、鬥毆互砍、甚至有戰爭，但這三百年間都沒有「死刑」。雖然有人強調平安朝「三百年無死刑」，但在我來看，這只

12【編註】原文作：「国津」は、国津神（国の神）が行なった近親相姦や自然災害を含む。此處涉及日本神道觀和天皇制度，隱含「古代天皇一族若有近親相姦的行為，則會招來病痛或自然災害」的意思。

13【編註】在神道觀下，「禊」便是一種「潔身儀式」，藉由清水洗去身體的汙濊和不潔。以「水」祛除汙濊的宗教儀式，除了日本神道之外，尚存在於其他宗教之中。

14【編註】日本古代的法制書。成書於平安時期的醍醐天皇延長五年（927），施行於冷泉天皇的康保四年（967）。

是因為平安朝的人為了避免怨念等「不潔之物」久久不散，進而招致災厄，所以才不施行死刑，而改以流放的方式，進行「祓除潔淨」而已。

話說回來，自古代起就沒有與刑罰相對應的詞彙。平安時代也一直到後期，才出現寫成「刑罰」二字，讀作「いましめ」，並將囚禁入監的「拘禁刑」（拘役）稱作「イマシメル」（訓誡、告誡）。

「**いましめ**」一詞，本來寫成「忌まし・む」，意指「遠離忌諱」。因此，上述的「拘禁刑」（拘役）也不過想隔離「不潔之物」而把人關進監獄裡。平安時代後期開始，「いましめ」就具有「以刑罰剝奪人身自由」的意思。到了鎌倉時代，犯罪者會遭到誅殺，但只要道歉，坐個牢就沒事了。這個以表歉意的紙本文書，就稱為「イマシメ状」（悔過書）。例如：某個村莊要是出現無法繳納地租的人，領主——支配該莊園的武士將會視為犯罪而欲誅殺之，但這個無法繳納地租的人只要道歉後，寫一紙「イマシメ状」（悔過書），就能獲救。所謂的「イマシメ状」是指「發誓要成為該莊園領主隨從的文書」。

「所従」（隨從）也可以用「下人」這一詞彙來表現——是地位相當於「奴隸」階級的隨從。一般農民若繳不出地租，只能選擇被殺或是寫下「イマシメ状」，成為任人宰割的隨從。然而，農民之所以繳不起地租，其來有自：農民不但要繳納地租給莊園主人，同時也被附近粗暴的武士集團搶奪地租，所以才落得這般下場。

古川爺爺的吐嘈

根據過去的文獻記載顯示：持有土地的領主，擁有男女合計超過百人的「所従（しょじゅう）」（僕人婢女、家臣）；五十六個男性當中，有二十二名是因為沒繳租金或是反抗領主不成而淪為領主隨從的人；而且這五十六名男性的身分，是世襲制——父兄是領主的所有物，那麼子孫也是一樣的身分。

所謂「田所（たどころ）」是指「具有領主身分的武士」，「武士団（ぶしだん）」便是這些具有領主身分的武士所率領的隨從所形成的烏合之眾。為什麼我要寫下這段故事呢？就是為了要告誡後世而寫下的。

ひらがな
カタカナ

原來天皇的書信是宮中女官代筆的？

平安時代

現代日本人這樣說

不知是屈服於時代潮流，抑或是被時代潮流牽著鼻子走，不知何時開始，不再看到報章雜誌擇善固守的姿態：「最近カタカナ語が氾濫している。日本語の美しさが消えつつある。」（最近片假名詞彙氾濫，日文之美已逐漸消失）。反而是報紙更積極使用片假名詞彙或英文。可是，仔細想想，批判此事才是一件詭異奇妙之事，因為以前的文章可是通篇片假名啊！

原來是這個樣

「**かな**」在古代寫成「かりな」而讀作「かんな」。「かり的漢字是「仮」（假借），「な」是「字」（文字）；簡略後，就變成「かな」。漢字是「まな」（真字），「かな」（假名）則是日本人把漢字轉變成日文，用以誦讀的文字。最古老的「かな」是「萬葉假名」，但這只是用漢字的音或訓（日語化之後的意思）來表記日語，所以雖然是「かな」，也因為全是漢字而顯得艱澀難懂。在江戶時代中期的國學家契沖（１６４０—１７０１）解讀《万葉集》之前，「萬葉假名」是近千年沒人能讀懂的難解「かな」。

「ひらがな」和「カタカナ」皆形成於平安初期。

「**ひらがな**」的「平」代表通俗、平易之意，是將萬葉假名的漢字，以草書體的方式，簡略而成的文字；在古代日本的「ひらがな」，因為是女孩子寫的文字而被稱作「女手」（女書文字）。

「**カタカナ**」是「片假名」，利用漢字偏旁或一部分寫成的表音文字；因其字型不完全而被稱為「片かな」（部分的假借文字）。據說是日本奈良的寺院學僧為了讀

誦經文，在經文旁邊標音而創造出來的產物；因此「カタカナ」（片假名）本身就是表音符號。

奈良、平安時代的公文全由漢文撰寫。如《古今集(こきんしゅう)》所示，男性雖然也會用平假名創作和歌，不過除了和歌創作之外，日本男性之間的書信往來與留給後代子孫的日記，都使用漢文寫成。相對男性習以漢文書寫，日本女性都使用「ひらがな」（平假名）書寫書信，公文上面不可能出現「ひらがな」（平假名）；再言大家都知道「母親所使用的語言和文字，都比較容易傳達給孩子」，所以「ひらがな」（平假名）就理所當然地成了女人與小孩的專用文字。

到了日本戰國時代，朝廷就加以利用這種沿襲至今的書寫習慣。天皇利用「女房奉書(にょうぼうほうしょ)」（隨侍女官所寫的詔書）將自己的想法傳達給戰國大名——女房就是天皇的隨侍女官——但「奉書(ほうしょ)」（詔書）二字卻又明確地點出：這是出自於天皇的命令，只不過「女房奉書(にょうぼうほうしょ)」是女官以「ひらがな」（平假名）寫成的書信，所以不被視為正式公文——頂多歸類為「女官私自揣摩天皇心意」後所寫成的東西。

命令織田信長(おだのぶなが)從岐阜到京都也是「女房奉書(にょうぼうほうしょ)」——因為如果足立(あしかが)將軍得知這封天皇詔書而向天皇抗議時，天皇就能用「這不過只是女房自己寫的非正式書信而已」的說法，迴避足立(あしかが)將軍的發難。

古川爺爺的吐嘈

「カタカナ」（片假名）自始至終都被當作標示「漢字發音」的表音文字。雖然也有公文是夾雜「漢字」與「片假名」，這是因為從奈良時代開始，天皇所說的話——無論是「宣命(せんみょう)」（聖旨）或是「辞令(じれい)」（敕書），都是用宣讀文書的方式，公告天下。「宣命(せんみょう)」（聖旨）是宣讀使者運用獨特的抑揚頓挫朗誦天皇的文章，那語調肯定和終戰時日本國民透過廣播所收聽到的「天皇玉音」相同吧。昭和時期的政府公文等等，全都是只有漢字和片假名，是因為書寫公文的人直接將自己的話寫成文章。

現代日本社會之所以用「カタカナ」（片假名）書寫外來語，也是源自片假名是表音文字的這一特性。再說，明治時代之前都沒有默讀的習慣，以前的人就連有許多平假名的報紙，也會讀出聲音來，所以過去的文獻資料都沒有標點符號，朗讀的人會適度地自行換氣。

おこがましい
おぼつかない

「投筆從戎」不潮囉！

平安時代

現代日本人這樣說

我聽到生活周遭的日本人會說：「仕事も覚束ないのに『俺にまかせろ』なんておこがましい。」（明明工作都一直出包，卻大言不慚地說『就交給我吧』，這也太狂妄了吧）；或是歌舞伎的台詞裡，出現「問われて名乗るもおこがましいが」（既然您問了，就容小的報上名號。冒犯了）的說法。此處的「**おこがましい**」引伸為「自大」、「不知分寸」的意思，但其本義與現代日本語，稍有出入。

原來是這個樣

「**おこがましい**」一詞在《古事記》和成書於平安時代（十世紀左右）的《落窪物語》[15]裡，都有「ばかばかしい」（愚蠢至極）的意思。「おこがましい」從「おこ・かましい」而來，是「おこみたい」（好像蠢蛋）的意思。「おこ」寫成「癡」，也寫成「烏滸」，意指「皆為愚蠢之事」，也帶有「好像蠢蛋」的意思。

鎌倉時代後期（十四世紀），吉田兼好將「おこがましい」解釋為「會不會被別人覺得奇怪啊」的意思。到了江戶時代，則引伸為「不知分寸、自大、狂妄」的意思。從室町幕府開始，武士們都把「笑う」（笑）這一表情，解讀為「嘲笑」——認為這是一種「瞧不起他人」的表現，所以「おこがましい」才會變成「不知分寸」、「狂妄」的意思吧。

至於「覚束ない」這一日文的漢字是借字。「**おぼつかない**」是來自於「朧

15【編註】作者不詳。《落窪物語》是日本現存最早的灰姑娘故事，類似這種被繼母欺負的故事，還有像《住吉物語》、《鉢かづき》等。

ろ」（朦朧不明貌）和「ふっつか」（駑鈍的、不靈敏的）的「束」（這裡的「束」意同「物」）相結合，再加上「ない」所蘊含「はなはだしい」（非常、甚）的意思。《万葉集》裡，「オボツカナイ」一詞用以形容「朦朧般模糊不明的景色」；到了平安時代的《源氏物語》，則變成了「不可靠」、「很懷疑」等等的詞語。

語言的意思會隨著時代變化，也因此讓人真切地感受到「歷史」的存在。在平安時代，體會到「おこがましい」、「おぼつかない」的人，肯定就是那些平安朝的貴族們。九世紀以後，不再大舉討伐[16]「蝦夷」（蝦夷人），對外情勢也不再緊張；而且當時導入中國的「蓋文章經國之大業」的重文輕武思想，建立了「文官優先升遷」的制度，朝廷開除了一大票的武官，還在任官的武官們的官階，也被降級。

在此之前，大部分的公家都是軍人家族。坂上氏、紀氏、小野氏都是經歷無數戰役的兵家。大家會知道坂上氏，是因為「坂上田村麻呂」這一號人物，坂上氏的子孫成為明法博士中原家的養子，之後坂上氏的世世代代也繼承其文官身分。

小野氏裡有個知名的書法家——小野道風，所以會讓人誤認為小野氏是文人一族，但其實小野氏的小野春風是著名的鎮守府將軍、擁有平定「刀伊」（女真人）等等的顯赫軍功。紀氏家裡，有個因撰寫《土佐日記》而聞名的「紀貫之」。紀氏是以紀州為根據地發展起來的水軍一族，與同為武將家族的「伴氏」聯姻的作為，也相當有軍事一族的作風。紀氏在討伐蝦夷人的時候，誕出了許多鎮守府將軍的軍事名門。

古川爺爺的吐嘈

這些家族要是不捨棄武將身分，轉而成為「文章道」（專攻「歷史、文學」）、「明法道」（專攻「法律」）、歌人等文官，那他們身為貴族的存在感，就會變得越來越「おぼつかない」（模糊不清）。取代這些「武將名門」，以武力來執行「鎮壓盜賊集團」的人，便是「桓武平氏、清和源氏」的後代。已在地方上紮根的源氏、平氏，為了幫領主爭奪土地而不斷發生私鬥，其中也有為了主人獻上性命的隨從。

這樣子的主從關係對京城的貴族來說，根本是天方夜譚；畢竟在這些貴族眼中，肯定覺得早期的源氏、平氏都很「おこがましい」（跟蠢蛋一樣）吧。

16【編註】「えみし」一詞，在《日本書紀》作「愛瀰詩」、《古事記》作「蝦夷」。自古以來，「えみし」的居住地區並無限定，在關西（近畿地區）、東國（關東地區），甚至到東北地區，都可見其蹤跡；就歷史來看，他們有向日本列島北方或東北方遷徙的跡象。

第二章

日本男女大小事

市（いち）
支払い（しはらい）

日本花街和神社寺院之間不可告人的祕密

奈良時代

現代日本人這樣說

前幾年東京築地魚市場（以販賣魚貨為主的市場）遷移引起許多問題，日本各地也有卸売市場（生鮮批發市場），所謂「**市場**」究竟是什麼呢？這個詞語實在太日常，應該有很多人從來沒思考過他的語源吧？

原來是這個樣

日文漢字「**市**」音讀為「シ」（漢音）或者「ジ」[1]（吳音），原意是「許多人聚集進行物品買賣的場所」。後來又引申為「人群聚集的繁榮街區」，因此也被用在行政區劃上。例如：日本的橫浜市（よこはまし）、姫路市（ひめじし）等。「市」訓讀則念作「イチ」。這個詞來自「斎く地」（いっち）（淨化之地）的略稱，所謂「斎く」（いつ）指「淨化」，被淨化的地方即為「**市**」（いち）（市場）。奈良時代及平安時代除了王都及国府（こくふ）外，各地會定期舉行市集。此時為淨化市場、使其成為神聖場所，會朗誦所謂的[2]「市場祭文」（いちばさいもん）（開市祭祀文）。

日本傳統認為在工具及物品上，會留有前物主或製造者的魂魄。不過由於市場是如此神聖之地，日本人相信在此販售的物品及二手用品，都已經被神之力淨化了。就算是二手物，因其原物主的魂魄在市場已經被清除，跟新品並無二致。如果碰到

1 【編註】請參照：第一章，註 2。
2 【譯註】日本中世期，為祈求市場平安及繁盛，會請有道行的修行者於開市前祭典朗誦之祭祀文。

物品被盜竊，過去習慣上會到市場去找尋失物，並將其買回。畢竟小偷也必須將贓物脫手，才有飯吃，因此市場也會販售贓物；贓物上的小偷魂魄也會在市場上被清除，失主便可以放心地將物品帶回家。

當然花錢買回失物對現代人來說很荒唐，不過日文「**支払い**」（付款）中的「払い」與在神社進行「**お祓い**」（潔淨儀式）中的「祓い」語源相同，原意也相同。藉由「支払い」（付款）可以得到與「お祓い」（潔淨儀式）相同的淨化效果。

成書於平安時代天暦五年（951年）左右的《大和物語》有大致提到：「色好みの男は、市場で人妻をあさって楽しんだ」（好色之男，在市場上尋找人妻享樂）。在市場連留在妻子身上的丈夫魂魄都會被清除，人妻能以「已消毒，等同新品」的條件賣身給男性。當然尋歡者也會付錢以淨化自身行為。這與現代的外遇關係大相逕庭，因為這是在神聖場所透過「付錢」而得到淨化的行為，所以只限於交易當下的關係而已。

古川爺爺的吐嘈

現代外遇沒有「支払い」（付款）而得到淨化，外遇的女方帶著丈夫的靈魂、男方則跟有妻子的靈魂，一旦其中一方的魂魄作祟，就會導致離婚風波；最後就等著「支付」贍養費了。「支払い」（付款）後就能銀貨兩訖，是由於我們已經完成了該物品的「お祓い」（潔淨儀式），讓物品變得專屬於自己。如果不付錢的話，店主的魂魄可會化作惡鬼，直接將你移送警方！

漸漸地，神聖的市場開始在大型寺院及神社門口設立，成了一種常態。日本中世開始，大型寺廟及神社的門口全天都設有市集——這也就是[3]「門前町」的開端。「待價而沽」的女性們也會在神聖場所搔首弄姿、極力「賣身」。想當然爾，就出現了遊女街（花街）。京都、大阪等地的古老寺院周邊開設的汽車旅館，即是由以前的出合茶屋（供男女密會的小屋）和遊女屋（妓院）延續而來。

---

3 【譯註】或稱**鳥居前町**，在寺廟及神社周邊形成的市街。

女房（にょうぼう）立（た）たされる

「女房」不是女生房間喔？

平安時代

現代日本人這樣説

「女房（にょうぼう）」（現代日文是指「妻子」）的「房」指的是房間。「女房（にょうぼう）」原指「在宮廷中有獨立房間的女官」，不過當時並無製作薄板的技術，因此房間沒有隔板牆。

原來是這個樣

平安時代的女房房間以几帳[4]（簾幕）及衝立（屏風）做區隔。當時日本國內的女官定員七九四人之中，有超過半數必須與男性在相同職場做低等雜務，被稱作「**女房**」（高階女官）的三七五人則負責服侍天皇、皇后、中宮（天皇之妻的位號之一，地位大致等同皇后）及相當於側室的更衣（日本女官位號）等，他們的工作附帶有以「衝立」（屏風）與「几帳」（簾幕）隔開的個人房間；相當於菁英女官。普遍認為紫式部及清少納言分別於《紫式部日記》和《枕草紙》中完整描繪出她們在「**女房**」世界的實際經歷。不過此認知最近受到質疑——其實平安時代的高階女官們，其實常有驚人之舉。

長和四年（１０１５）五月二十三日，在三条天皇座前工作的「民部」女官突然失控，毆打隨侍天皇身邊的小童。目睹此景的三条天皇出手介入，將小童抱起掩護，不過「民部」女官仍然狂暴的毆打踢踹小童。護著小童的天皇，想必也有遭受

4【譯註】平安時代的屏障家具之一。主要以支架撐起絲綢簾幕，做空間區隔使用。

女房的拳打腳踢吧？其中一名蔵人（秘書官）即時將民部女官壓制住，幸而沒有釀成大禍。本事件被記載於[5]公家藤原実資的日記《小右記》之中，但《紫式部日記》及《枕草紙》都沒有提及這件事。

兩個月後在七月十五日，輪到侍奉三条天皇的女官與皇太后彰子的侍從大打出手。藤原道長在《御堂関白記》描述此事為「闘乱」（狂亂鬥毆）。因為明顯就是鬥毆，隔天甚至有[6]検非違使到現場調查。雖然本次暴力事件看似相當嚴重。不過由於正是在《御堂関白記》中記錄下此事件的藤原道長逼迫三条天皇退位，深陷政爭漩渦的宮廷中，也有許多女官因此失控。

另外在此事件發生的三個月前，四月四日時藤原道長的女兒中宮妍子向道長通報，侍奉自己的「中務」女官「乘坐牛車時，被某個人綁架了」。道長將事件鬧大，派遣検非違使大幅搜查。根據妍子的描述，有位盜賊在戌時（下午七點至九點左右）坐上中務女官所乘坐、前往宮中的牛車，並在車中強姦中務後將其綁架。這種事當時大概時常發生，藤原道長還來不及焦急，検非違使就已經找出強姦、綁架中務女官的犯人，並將他送到道長宅邸了。

被帶到道長面前的這位是[7]「前遠江守」（負責管理「靜岡縣西部」的長官）藤原惟貞，他表示自己是中務女官的丈夫。而中務也承認了此說。牛車裡發生的並不是強姦，不過就是密會而已。中務女官夫妻也供述：因為玩得太開心，所以就這麼一起逃跑了。

古川爺爺的吐嘈

引起騷動的中宮妍子及父親道長，可說是無顏對人。道長極怒，要求藤原惟貞在洗清嫌疑前，於道長宅邸門口罰站。藤原惟貞就這麼在門前，像小學生般地被罰站。因「見物人、市を成す」（圍觀的群眾人稠若市），看熱鬧的人甚至口出侮辱之言；到頭來，最丟臉的人——還是藤原惟貞。

「**立たされる**」（罰站）從平安時代開始已有千年傳統。順帶一提，像「**武士の女房**」（武士之妻）這樣，用「女房」表示妻子的說法是室町時代開始的；這是因為蔑視朝廷權威的武家政權，將原本的宮廷用語「女房」貶低成「妻子」的意思。

5　【譯註】侍奉朝廷的貴族政務官。

6　【譯註】日本官職之一，為檢察非法情事之天皇使者。

7　【譯註】日本古代令制國之一，約位於今靜岡縣西部。

無礼講（ぶれいこう）　バサラ

後醍醐天皇的暗黑轟趴

南北朝時代

現代日本人這樣說

「さあ、今日（きょう）は無礼講（ぶれいこう）といこうじゃないか」（我們今天就不計位階，盡情享樂吧！）現在宴會中已經不能輕鬆說出這種話了。一不小心，可是有機會變成性騷擾的。

原來是這個樣

「無礼講」（ぶれいこう）如同字面意思，指沒有禮儀、不分身分享樂的宴會。也念做「むらいこう」；大多表示「毫無秩序的派對」。後醍醐天皇即是在一場「無礼講」（無秩序、無禮節的）中，策畫出打倒鎌倉幕府的密謀。這可謂歷史上最重要的「無礼講」宴會。

鎌倉末期・文保二年（ぶんぽう）（1318），後醍醐天皇（ごだいごてんのう）在三十一歲即位。因追求天皇親政的神權政治，他在三年後堅定了自己討伐幕府的意志。為實現其計策，後醍醐天皇（てんのう）藉召開「無礼講」（ぶれいこう）宴會的名義，集結了側近的公家（くげ）及僧侶。這場由天皇主辦的「無礼講」（ぶれいこう）宴會，現代可是模仿不來的。我們將《太平記》（たいへいき）關於這場宴會的記載，意譯為現代日文，大致如下所述：

「その交会遊宴（こうかいゆうえん）の際（さい），見る者（みる もの）の耳目（じもく）を驚（おどろ）かす。男は烏帽子（えぼし）を脱（ぬ）いで髻（たぶさ）を放（はな）ち，法師（ほうし）は衣（ぎぬ）を着（き）ずして白衣（びゃくえ）となり，歲十七（としじゅうしち），八なる女（おんな）の見目形（みめかたち）優（すぐ）れたる（美女）（びじょ）に，

---

8 【譯註】宗教信仰作為政治主導的政體。日本神道信仰中，天皇家系為天照大神後裔。

肌が特に清らかなるを二十余人、すずしの単衣だけ着せて酌をさせれば、雪の肌透き通り、汗に濡れて妖艶、裸体と異ならず。山海の珍味を尽くし、旨い酒泉のごとくにたたえて、遊び戯れ、舞い歌う。その間にただ東夷（鎌倉幕府）を亡ぼすべき企て他は他事なし」（見聞這場交際宴會的人都會驚嚇不已。男子脫去烏帽散開髮髻、法師則脫下外衣只著內襯，有二十餘名皮膚尤其清透的十七、八歲美人，她們只穿著生絹做成的內衣為人斟酒，因雪色肌膚清透可見、香汗微潤，看起來與裸身並無二致，妖豔非凡。窮盡山珍海味，美酒如泉水般傾瀉一地，眾人遊戲歌舞。這場宴會就只為了滅亡鎌倉幕府而策畫，並無他想）。

美女們所身著「すずしの単衣」是夏天的內衣。使用網眼較大的絹布製作，所以能透視看到軀體，再加上香汗淋漓的話，簡直就像沒穿衣服一樣。男子當時只要脫下烏帽子（黑色禮帽）就等同裸體，再解開髮髻的話，根本等於全裸。當時的僧侶脫下黑色僧衣後，也和裸身無異。也就是說，這場宴會可視為全員裸體、拋棄廉恥的亂交派對。到場僧侶包含西大寺的智曉、唐招提寺的慶円——這兩位是[9]真言律宗的僧侶，皆對藉男女交合來達到宗教狂喜的真言宗・立川流派《大法祕法》頗有心得。這場「無礼講」宴會在花園天皇的日記中被記載為「破礼講」。可推測是超越「無礼講」，接近亂交派對的聚會。

後醍醐天皇最終在西元1333年打倒鎌倉幕府，那時候天皇底下聚集了一群被稱作「**バサラ**」的異形怪人。**バサラ**漢字寫作「婆娑羅」，是來自古印度梵語的[10]「バアジャラ」(vajra) 的漢語譯名。日語中指「誇張的、沒有煩惱的、奢華的」。武裝蒙面並戴上斗笠之後，這些被稱作バサラ，體態怪異的工藝家、商人、法師和混混，在後醍醐天皇即位後，大舉聚集到天皇居住的「御所」(皇居) 來。

當時的天皇內裏（天皇居住的御所、皇居）因此祭出了這條規範：「塵を捨ておき不浄をあらわすことを制止すべし」(禁止亂丟穢物造成不潔），可見當時的皇居裡，出現了一群亂丟垃圾、弄髒環境等沒禮貌的傢伙；其中可能也包含楠木正成在內。這樣大膽的舉止，正是「下、上に克つ」(下剋上；下位者以軍事叛亂等手段獲得權力掌控上位者) 的本質。

9【譯註】日本佛教律宗派系之一，以真言密教的宗義為基礎發展而成。總本山為奈良・西大寺。

10【譯註】佛語。印度神話中能粉碎煩惱、降伏魔神的法具，亦有代表智慧的鑽石之意。

古川爺爺的吐嘈

討伐幕府後，因為[11]足利尊氏的出現，後醍醐天皇逃往「大和」（今奈良縣吉野地區）是為「南朝」，與足利尊氏所領導的室町幕府擁立的「北朝」皇室相對。日本就此進入南北朝對立的時代。說到底，後醍醐天皇本身也是藉「**無礼講**」達成「下剋上」的婆娑羅啊。

11 【譯註】足利尊氏（１３０５—１３５８），室町幕府第一代征夷大將軍。原效忠後醍醐天皇，卻於建武新政後反叛，另擁立光明天皇並建立室町幕府。

ニヤケる

日本花美男代表—能劇大師・世阿彌

室町時代

現代日本人這樣說

酒席間，爛醉的中年男子開始評判周遭的眾人：「そうアイツ、最近の若いのはニヤケテていけない。駄目！頼りない！」（那傢伙，最近的年輕人都弱不禁風的。不行啊！不可靠啊）。

「部長もそう思いますか？いつもニヤニヤして、若いくせに余裕しゃくしゃく。もう私も駄目です、飛ばしちゃいましょう、めざわりだから」（部長也這樣想嗎？那人總是笑呵呵的，明明是個菜鳥，卻游刃有餘的樣子。我也受不了啦。不如把他弄走吧？很礙眼耶）。

「飛ばすことぁないよ、君。たっぷり可愛がってやれば……ム、フフフ」（沒有要弄走啦。我說你啊，不如好好照顧照顧他啊……呵呵呵……）。

如此粗俗的對話，已經不能單純看作醉漢妄語了。如果知道背後的語源，部長的微笑中，其實暗藏弦外之音。

原來是這個樣

「にやける」的語源來自**「若気」**（陰柔男性、男同性戀）的動詞化。古典日語寫作「にやけ」，漢字「若」則表示「身段柔軟、體態優雅年輕、依從順服」之意。看起來「體態優雅柔軟、依從順服」的人被稱作「若気」，不過「若気」的另一個涵義，簡而言之就是「屁股、肛門」。

也就是說，所謂「ニャケ」其實指迎合「喜好男色」者的「少年」。鎌倉時代末期到室町時代，達官貴人身側都會有「ニャケ少年」隨侍在側。武將的子弟少年時期會在寺院中學習知識學養，也會順帶學習男色。這些戰國武將們，也都是喜男色的少年呢！

室町時代出現將「ニャケ」動詞化的「にやける」，指「男性做出如女性般情色的動作」。「にやけた男」（女性化少年、花美男）的代表人物即是[12]「年輕時的世阿弥」。世阿弥以[13]能楽的集大成者聞名。其幼名為「鬼夜叉」，因魅惑了觀賞其演出的二条良基而獲賜名「藤若」，深受寵愛。二条良基是罕見的大學者，他將藤若（少年世阿弥）帶去向[14]足利義満將軍炫耀，世阿弥因此得到義満的保護，得以鑽研其技藝，達到至高成就。

世阿弥的美學核心在於「幽玄」（幽微玄妙、深藏意趣）。而「幽玄」則由高雅的「老体」（老軀、老人）、美的結晶「女体」（女體、女性姿態）、具動作美感的「軍体」（武人姿態）三者混合而成。也許真正的「ニャケた男」，也必須融合此三者精髓，到達幽玄境地才行。

寵愛世阿弥的足利義満雖與世阿弥生於同年代，卻身為金閣寺的建立者聞名天下，他還統一了分裂長達七十年的南北朝、鎮壓南朝的資金來源倭寇（海盜或海上走私密商），更以「日本国王源道義」的名義開啟了明朝與日本貿易的契機。不過世阿弥的晚年相當不幸，在足利義教當上將軍後即被流放至佐渡，在此寂寥終老。

流放世阿弥的足利義教是從[15]天台座主還俗就任的將軍，其性格相當怪異。在這位將軍面前，是嚴禁微笑的。公家的東坊城益長參朝時，就因不經意表露笑容受到

12【譯註】世阿弥（1363—1443），南北朝時代、室町時代能劇演員。著有能劇理論書《風姿花伝》。

13【譯註】日本傳統表演藝術之一。又稱猿楽、申楽或能。

14【譯註】足利義満（1358—1408），室町幕府第三代將軍。在任期間統一南北朝，並促進日明勘合貿易。

15【譯註】日本天台宗總本山比叡山延暦寺的住持。

譴責，不僅被關禁閉，連所得都被沒收。當時的社會被稱作「万人恐怖す」[16]。

古川爺爺的吐嘈

不出聲的微笑稱作「ニヤリ」出現於江戶時期，因為「ニヤック」也有「弱不禁風、娘娘腔」的涵義在，其語源與室町時代的「にやける」相同。

後世大名的稚兒[17]、小姓[18]、衆道[19]等氣質陰柔的男性在這個世代雖然已相當普及，不過居然還是一個「万人恐怖す」、不能隨意笑出來的時代！

16【譯註】伏見宮貞成親王於《看聞日記》中形容義教的執政為「万人恐怖、言フ莫レ、言フ莫レ」。

17【譯註】指在寺院中學習禮儀、知識的少年，過去常成為僧侶的男色對象。

18【譯註】指隨侍高官貴人身旁或寺院中的雜務職，許多少年同時也是雇主的男色對象。

19【譯註】又稱「若衆道」、「若道」，指男色之道。中世左右盛行於武士階級及僧侶間，江戶時期後則因若衆歌舞伎的盛行，普及至庶民文化中。

わけあり
わけ知り

記住！「有隱情」在日本不能隨便使用！

江戶時代

現代日本人這樣說

電腦製造商的網路廣告會大方的宣傳說「わけありＰＣ、お買い得」（電腦福利品，優惠價）。在職場上也會有情報通露出**わけ知り顔**（彷彿知曉一切的表情）滿不在乎的說「彼女、ちょっと、わけありでね」（她背後有點隱情喔）。「**わけあり**」（有隱情、有缺陷）、「**わけ知り**」（通曉秘密）的「わけ」（原因）漸漸也被濫用了。

原來是這個樣

「**わけあり**」、「**わけ知り**」是江戶時期開始的用語。

「**わけあり**」的女性，指的是「有情夫的遊女（娼妓）」或「與男性有情感、肉體關係的女性」。「わけあり女」所指的女子和一般女性不同，是指該女子有情人或男性關係混亂的意思。從語源來看，隨意稱呼別人「わけあり」，可是會被看作性騷擾的。

「**わけ知り**」則只能指男性。這並不是通曉各種知識、很博學的意思，而是專指精通人情世故、男女情事的情報通。「わけ知り」深諳花街消息及世間隱情。如果向他們尋求協助，他們可是會拚了命的來解決你的苦惱。這類「わけ知り」在現代無人能仿效。他們不只通曉一切情報，還是鋤強扶弱的男子漢。舉例來說，「わけ知り」應該像這樣：

江戶時代後期，在[20]日光街道的[21]「栗橋」[22]宿場，有位美麗的武家夫人開設了名為「角屋」的茶屋（提供茶水及食物的店面）。江戶某間大商店的伙計在返鄉途中，經過了此處，對夫人一見鍾情。伙計忘不了「角屋」的女主人，便在理髮店修剪[23]月

代的時候詢問道：「ここに、わけ知りのたぐいなどおられるか」（這邊有情報通一類的人嗎？）老闆告訴他有位関東屋五郎是「わけ知り」，他是旅籠（向旅客提供食宿的旅店）「関東屋」的主人。這名伙計馬上在関東屋下榻，當夜向五郎傾吐心聲：「幼少から奉公に出て、二十年目にして初めての里帰りです。ところが、立ち寄った角屋の妻女が忘れられません。道をはずれた恐ろしいことは承知の上です。ここに幼少のころから貯めた金子と主人からいただいた計三十斤があります。どうぞ、この三十斤で、一夜だけでも角屋の妻女への思いを晴らさせていただきたい。」（我從小就住在主人家工作，過了20年才第一次返鄉。我瞭解這大概是偏離正道的事，不過我忘不了途中經過那家「角屋」的老闆娘。這邊是我從小存下和主人所贈的金錢，總共有三十斤，希望能用這三十斤金錢一解我對「角屋」老闆娘的思慕。那怕只有一夜也好，就拜託你了）。

20【譯註】江戶時期的五街道（交通要道）之一，為自江戶城前往日光東照宮所設立。起點為東京日本橋，終點為今栃木縣日光市的日光坊中。

21【譯註】位於今琦玉縣久喜市。

22【譯註】舊時大型交通要道上設立之村落。一般備有驛站、宿泊場所、餐飲店等設施。

23【譯註】江戶時代男性髮型中，頭頂被剃光的部分。

關東屋五郎聞言雙手抱胸，傾頭思考後說：「いたいけなころから二十年も貯めた金と替えても、との願いをおもんばかると、思わず感涙を覚える。ようがす。明日、なんとかいたしましょう。」（一想到這是你願意用自幼存了二十年的金錢來換取的心願，讓人不禁感動地潸然淚下。好吧！我明天會想想辦法的）。

五郎這麼說之後，便前去拜訪角屋的老闆。男主人見到三十斤金錢，喜出望外，決定將妻子借給伙計一晚，還大力斥責了不願依從的妻子。隔天，角屋老闆娘來到借宿於關東屋的伙計面前。然而，當晚事情往不可預知的方向發展——角屋老闆娘喚醒了睡熟的五郎，跪地說道：

「思うに夫は妻を人手に渡し、心つれない人です。それに比べて、こよいの人は我が身にあまる真実のある人。女の操を立てるなら、こういう実のある人と夫婦になりとうございます。わたしの願いを叶えて下さい。命を捨てても再び角屋へは帰りません。」（深思過後，我認為將妻子讓給他人的夫婿，乃薄情之人。與我共度今宵的人，才是真正地值得我犧牲奉獻的男人。若要堅守婦德，我寧與這樣誠心愛我的人，結為夫妻。請實現我的願望。即使丟去性命，我也不想再回到角屋了）。

五郎流下男兒淚，點頭同意讓兩個人在當晚私奔。他接著將事情經過鉅細靡遺地寫下，把金錢包裹妥當，就這麼切腹自殺。後世讚其為「天晴れ五郎」（偉大的五郎）。這才是所謂的「わけ知り」。

古川爺爺的吐嘈

現今已不存在原本的「わけ知り」，許多女性連「わけあり女性」的「わけ」之意也不清楚，還隨意說出「そんなわけでェー」（因為有這些緣故……）這種話。「わけなく」（輕易的、隨意的）度過人生的現代人，也許早就遺忘了人生的酸甜苦辣。

茶柱が立つ
お茶を引く

武士妻絕口不說的日本語

江戶時代

現代日本人這樣說

觀看時代劇時，常會看見令人傻眼的內容。大身（地位崇高者）武家夫婦一起喝茶，居然還是喝[24]煎茶。身為大身武家，多少應該知道一些茶道（此處的茶類指的是「抹茶」）吧？這已經夠讓人傻眼了，更令人驚訝的是，優雅婉約的武家妻子仔細地觀察雙手捧起的茶碗，突然間眼神閃閃發亮地說出：「**あ！茶柱が立ちました**」（啊、茶梗立起來了呢！）正當我為此台詞啞口無言時，畫面中的丈夫以穩重口吻回答：「うむ。なにか良いことがあるぞ」（嗯，看來會發生什麼好事呢。）當下我瞬間被擊潰在地。

原來是這個樣

「**茶柱を立つ**」（茶梗直立）是遊女及芸者間的占卜方式。中野栄三在《陰名語彙》中提到：

「花柳界の俗信には——茶柱が立つと縁起がいい——という。煎茶を茶碗に注いで、茶の茎が湯の中で縦に浮かぶのを茶柱が立つというのである。茶柱が男茎の意ならば、それの立つのは商売繁盛となるからである。」（在日本風月場所討生活的人們相信『**茶柱が立つと縁起がいい**』（茶梗直立代表好預兆）。在茶碗中注入煎茶後，如果茶莖在茶湯裡呈垂直漂浮，即稱作『**茶柱が立つ**』。如果「茶柱」為男莖之意，那麼對風月場所討生活的人們而言，「茶柱直立」為商業繁榮之兆）。

武士之妻絕無可能脫口說出風月場所的人們所持之信仰。武家丈夫如果聽到這種話，應該會氣到腳軟倒地吧。進入近代後，這種信仰不知何時開始滲透進一般民家。現在連女高中生都會開心的說「**あっ、茶柱が立った！**」（哇！茶柱站起來了）。

24【譯註】抹茶道（茶の湯）自戰國時代開始，就與將軍及大名的權力、身分展示密切相關。煎茶文化則是於江戶時期才開始發展，並在江戶中期因売茶翁而普及化。

雖然現代女高中生已經會因為涉及「JK」、「援交」等事件而引起社會騷動，這種事在現代大概不值得大驚小怪；不過這個詞彙也展現了日本男性對風月場所有多麼熟悉、親近。

另外，也有「**茶を挽く／引く**」（磨碎茶葉）這種說法，指「暇で用事がない」（閒閒沒事做）。其語源根據辭典，解釋如下：「昔、茶は[25]留守居などにひかせたり、暇な日の仕事としたりしたところから。」（因為以前磨茶是留守居的工作，或者在沒事做的日子做的工作）。不過留守居實際等同諸藩的外交官角色，應該不是這麼閒到可以負責「磨茶」的工作。在這樣難以理解又看似有所隱瞞的語源說明後面，作者感覺略帶猶豫的附註寫下：「特に、芸者・遊女などが、客がつかなくて暇である。お茶を挽く。」（尤其芸者、遊女等會因為客人不上門、沒事做而磨茶）。

這才是真正的語源。然而，並不是指沒事做的芸者或遊女會跑去磨茶葉；其實「茶を引く」（磨碎茶葉）是發源自[26]上方風月場所的用語，指的正是「女性的性器官」，後又引申為「交合」之意。「茶を引く」、「お茶を引く」，指的是因被交合對象冷落、疏遠，而閒著沒事做的意思。

不知為何，從江戶時期開始，茶就常被作為「形容女性性器官」的隱語。現代日本人在嘲笑不切實際的可笑之事時，會以俗話「臍で茶を沸かす」（用肚臍煮茶）

來諷刺這件事。這隱語也與「茶」本身無關，而是指「臍で交合する」（用肚臍交合），即指「あり得ないこと」（不可能發生的事）。

古川爺爺的吐嘈

開頭提到的武家夫婦也有提到類似「臍で茶を沸かす」（用肚臍煮茶）之類的對話，不過因為是電視劇，大概什麼都有可能發生吧？也許妻子是贖身後的花柳界名妓，而武家丈夫則正苦於勃起障礙。看見茶柱直立之後[27]「茶壷に追われてドッピンシャ、抜けたァら、ドンドコしょう」（運送茶葉的隊伍追來了，快關上門！通過了啊？那就來大鬧吧）。大家能理解這其中趣味嗎？

25【譯註】江戶時代官職名。除江戶幕府外，各藩亦皆設有留守居。留守居須於藩主不在時負責看守江戶居城／藩邸，亦負責各藩及幕府間的情報交流、聯繫。

26【譯註】江戶時代指稱京都、大阪等畿內地區。

27【譯註】日本童謠《ずいずいずっころばし》的歌詞，此歌謠與日本脫衣猜拳遊戲「野球拳」使用同一曲調，帶有情色暗示。

スケベ
いたずら

日本靜岡縣不產綠茶，產「色狼」？

江戶時代

現代日本人這樣說

今日女強男弱，女性在眾人眼前也能面不改色的大罵「なによ、このスケベ」（想幹嘛！你這色鬼），最終將色狼硬踹到警察局。真可謂色狼受難的時代。

原來是這個樣

「**スケベ**」（色狼）的語源來自「スケベイ」。原本是將代表好色的「好き」（喜歡）加上男性名擬人化為「好き兵衛」，後轉音成為「スケベイ」。這個詞彙並沒有特定的原型。例如在《源氏物語（げんじものがたり）》中登場的好色人物，全部都可稱作スケベイ。

早在享保（きょうほう）四年（1719）近松門左衛門（ちかまつもんざえもん）的作品中，就已有スケベ登場。那是八代將軍徳川吉宗（とくがわよしむね）的時代，也許大岡越前守（おおおかえちぜんのかみ）・忠相（ただすけ）[28]任職南町（みなみまち）[29]奉行（ぶぎょう）時，也曾經制裁過色狼。雖然此用語在江戸中期就已出現，不過其實「スケベエ」此前是相當經典的武士名，所以經常產生誤會。實際上因此而受害的是，位於靜岡縣沼津市西側海岸「桃里（ももざと）」的村民。

此處是浪人鈴木助兵衛（すずきすけべえ）於戰國時代新開墾的田地，為頌揚其功績，稱此地為「助兵衛新田（すけべえしんでん）」。スケベエ這個名字到戰國末期為止，都還沒有好色的涵義，不過進入江戸時代後，就引起了許多麻煩。由於沼津方言會在語尾加上「ダラ」，問地名時大概就會發生以下狀況：

「スケベ新田（しんでん）だら」（這裡是助兵衛新田。）

「スケベ死（し）んでんだら？地名（ちめい）を聞（き）いておるのじゃ！」（色狼死掉了？但我在問

28【譯註】大岡忠相（1677—1751），江戸中期大名。曾任町奉行、越前守等職務。任職奉行時推動改革、司法公正之形象深植人心，其事蹟曾被改編為落語、戲劇等。

29【譯註】江戸幕府職稱之一，司掌江戸町內行政及司法。

你地名啊！）

「スケベ殿新田だら」（就是助兵衛大人的新田啊。）

「まだ愚弄するか！」（你還要耍我嗎？）

此地終於在明治四十一年（1908）因「村名太猥褻」，借特産桃子將村名改為「桃里」。從江戸時代到明治時期更名為止，竟已過了二百年之久。忍耐了這麼多年，村民還耿直的將更名理由仔細記上石碑。可見「スケベ新田的村民」與「スケベ」（色狼）真的相差甚遠啊。

「スケベ」（色狼）這類的人，天性好色且容易移情別戀，因此也有「いろいろな物事に手を出したがる性質」（常向各種事物出手的特性）之意。在「スケベ」（色狼）後面加上接尾語「ダラシイ」（像是），就會變成形容詞「スケべったらしい」（色狼般的）。「スケベ」原本不只有男性，也可以指稱女性。雖然大概會有人很歡迎女色狼，不過這個詞似乎不太為人所知。「スケベ女性」指的是「**いたずら**女」（惡作劇女子）的意思。

「**いたずら**」（惡作劇）是《万葉集》時代就有的古語，到平安時代為止指「無益、無意義的、無用、虛無」的意思。現在也會說「いたずらに時を過ごす」（虛度、浪費時光）。據說是從「イト虛ろ」（非常空虛）演變為「イタうつろ」、「イタづら」。漢字寫為「徒」，也是「來回走動」、「虛無」的意思。

在源平合戰[30]的時代，就出現了只會做些無用事的「イタズラ者」（盡做些沒用事情的傢伙）。而室町末期的文獻裡，便有「美人ではあるがイタズラ者、天下を乱す」（雖為美人卻淫亂放蕩，將大亂天下）這樣子的敘述，此處展現了以「イタズラモノ」表現「淫亂女性」的記錄。到了江戶前期，出現了一群[31]「足軽」組成混混集團，到處砍人；還有人會在仲夏時，身穿厚重大衣，擠在火盆旁，喊著「嗚嗚，好冷」。這些人亦被稱作「イタズラ者」。

這群人真的是徒步行走（指「足軽」這類的人）做些無意義事情的男性，另外加上「觸犯法律」、「擾亂秩序」的涵義後，寫為漢字「悪戯」（惡作劇）。這與江戶時代的「イタズラ女性」的語意不謀而合。擾亂男女關係，好色淫亂的女性為「イタズラ女」，而「イタズラ」本指未婚者私通的意思。

30 【譯註】1180 年至 1185 年發生的內戰。最終源賴朝獲勝，導致之後鎌倉幕府的崛起。
31 【譯註】步兵的一種。

古川爺爺的吐嘈

此後到了明治時代，「イタズラ」就不再具有性的涵義。它在大正時代成為「賭博」的暗語，在系列電影[32]《座頭市》中頻繁出現。不過新聞報導會寫說「教師が女児にいたずら」（教師猥褻女童），倒是以曖昧的方式表現出了江戶時代以來「イタズラ」的原意。

べっぴん

小股が切れ上がったイイ女

（小股［こまた］が切［き］れ上［あ］がったイイ女［おんな］）

走路內八的「O型腿」江戶女生，最性感？

江戶時代

現代日本人這樣說

以前會用[33]「シャン」來稱呼美人，更早之前的人則說「**ベッピン**じゃなぁ」（真是美女啊）、「**べっぴん**さん」（美人兒）。

32【譯註】中譯又名《盲劍客》，為日本知名俠客系列電影。

33【譯註】來自德文 schön，意指美麗。

原來是這個樣

據說「**べっぴん**」是明治時期開始，才加上漢字「別嬪」。「別嬪」（美人）的「別」指「特別優秀」之意，另外「嬪」的來源則要追溯到飛鳥・奈良時代的律令制時期，用來稱呼天皇後宮的女性。

天皇的妻子有「皇后」、「妃」、「夫人」、「嬪」四種位號。是為[34]「一夫四妻制」。歷史上只有奈良時期使用「嬪」這個位號，平安時代則將「皇后」（天皇嫡妻）、「中宮」、「妃」（女官位號之一，亦為後宮女官總稱）、「女御」（女官位號之一，位階僅次於中宮）、「更衣」（女官位號之一，位階次於女御）等女官稱為[35]「御息所」。

由於明治時期的天皇和古代一樣是被神化的，因此將「べっぴん」（美人）寫作漢字「別嬪」，形容美得足以成為天皇的「嬪」的罕見美人。

「べっぴん」原本寫作「別品」。不僅用來形容美女，也能用在形容男性及物品，不過「別品男」所指並非[36]「ギャル男」這種型男，而是指稱兼具氣質及才學的男性。到了幕末，「別品」才專門用來稱呼美女。雖然「べっぴん」的用法一直流傳到後世，不過我們已經無法精確地掌握江戶男兒特別喜愛的美人標準：「**小股が切れ上がったイイ女**」這句話的意義。因為我們無法知曉最重要的「小股」指哪個部位？「小股」這個不明的身體部位「切れ上がった」（往上分開）又是什麼狀況呢？最直觀的論點中，有一說從相撲術語[37]「小股すくい」可推斷「小股」指「大腿」部位，不過無法得知「太腿が切れ上がる」（大腿向上分開）是什麼樣的狀態？又如何才能從外觀上判定？

另外也有個說法是女性挽起髮髻後，後頸的髮際線會分為兩邊，這個部分被稱作「小股」，而將髮際線剃成細長形狀即稱為「小股が切り上がった」。雖然如此一來可以從人的背影判斷對方是否符合標準，但為什麼特別稱此部位為「小股」而

---

34 【譯註】根據植木直一郎所著《皇室の制度典礼》，律令《後宮職員令》規定，可立妃二員、夫人三員、嬪四員，因此天皇的后妃實際上會多於四名。

35 【譯註】根據植木直一郎所著《皇室の制度典礼》，女御、更衣職位以下的宮女泛稱為「御息所」。而平安後期之後，「御息所」一般用於稱呼皇太子或親王妃。

36 【譯註】「ギャル男」指受到日本辣妹文化（ギャルファッション）影響，在1990年代興起的一種男性潮流派系。

37 【譯註】相撲用語，指抓住對手的大腿將其扳倒的招式。

非「髮の小股」，讓人不太能理解。

「小股の切れ上がった女」是安永時期（1772～1781）的用語，此時期平民女性間流行「駒下駄」（有兩個木齒的短齒木屐），因此這幾年出現了一種推論：「小股」如同字面意思，與「內股・外股」（內八・外八）一樣是指走路時的腳尖距離，兩隻腳的拇趾幾乎要靠在一起的走路方式，被稱作「小股」。穿著「駒下駄」用「小股」方式行走，讓和服的衣角也自然優美的擺動，這樣的女性稱作[38]「小股の切れ上がった女」（身材窈窕修長、婀娜多姿的女子）。

也有「小股走り」（穿著木屐以內八小跑）的用法，應該是指木屐敲得答答作響，用優雅的身段小跑的女性吧！

古川爺爺的吐嘈

話說，有一種從中國傳來的養生方式，號稱「讓老人與年輕女性相交，就能夠返老回春」。[39]「寛政の三博士」之一，幕府最高學府[40]「昌平黌」的教授「柴野栗山」——這位學者以嚴禁朱子學以外的學問而聞名——就曾實踐此方。這位栗山教授過了古稀之年，為了永保青春而招來十四、五歲的美少女作為側室。不到一年時間，效果異常顯著，但栗山教授日漸衰弱，最後病痛纏身。

栗山教授在門徒及親戚的規勸下去泡湯療養，卻持續衰老、病情不斷惡化；最終在文化四年（1807）以七十二歲之齡仙逝。看來雖然栗山教授喚回青春，精氣卻被少女吸取殆盡。

38【譯註】在這樣的解釋中，「切れ上がった」指足袋上將拇趾與其餘四趾分開之意。

39【譯註】寬政年間實行江戶幕府學制改革的三位朱子學者。包含柴野栗山、岡田寒泉、尾藤二洲。

40【譯註】江戶幕府的學校。原名「昌平坂」，寬政期間改名為昌平黌。

江戸時代

歌（うた）

夜這い（よばい）

大男人主義的日本男生也會「唱情歌挑妹」？

現代日本人這樣說

明治（めいじ）七年（1874）西郷隆盛（さいごうたかもり）在[41]西南戦争（せいなんせんそう）敗北後，一面躲避子彈，一面手腳爬到故郷「城山（しろやま）」（位於今鹿兒島縣）準備自殺。據聞當時西郷（さいごう）一面微笑，一面這麼向旁邊的男子說道：「夜這（よば）いごときばい」（我們像是半夜要去幽會一樣）。

一般認為到了明治時期「**夜這（よば）い**」（私通幽會）的語源，已經被忘卻了。「夜這（よば）い」並不是指晚上偷偷摸摸的爬進女性房間裡，這種行為可是犯罪。

原來是這個樣

「**よばい**」的語源來自「呼び合い」（相約碰面）。女方認可男方後，才會夜晚將男方叫到房間裡來。這是平安時代以來的[42]「妻問い婚」（訪妻婚）習俗，轉變為年輕男女間的調情遊戲後，流傳到近代前期的風俗。

「**歌**」（歌）的語源來自「訴える」（傾訴情感），從古代開始，男女就以歌曲來互訴衷情。歌曲即古代就存在的「和歌」，其歷史悠久，甚至應該寫作[43]「和歌」比較合適。當然和歌在後世成為高尚的文學而「夜這い」的世界裡，受歡迎的並不是會寫和歌，而是很會唱歌的男子！男女互相唱和的方式，千變萬化。

侍奉八代將軍吉宗的[44]植村政勝為了找尋藥草踏遍全國，並寫下記載各地風土民

41【譯註】由西鄉隆盛等士族領軍，於1877年爆發之日本內戰。最終由政府官軍獲勝。

42【譯註】訪妻婚，結為夫妻的男女別居，男方於夜晚進入女性房間逗留的婚姻型態。

43【譯註】和歌念作「わか」，作者在此處特地使用固有語念作「やまとうた」，乃為強調和歌是早在漢字東傳前即存在的習俗。

44【譯註】植村政勝（1695—1777），江戶中期本草學者。

情的紀行文《本朝奇跡談》。根據此書記錄：

「十津川では『雑魚寝』の風習があり、村中の人妻や娘、下男下女から旅人にいたるまで、誰であろうと縁があれば男女が性交する場所がある。この地は嫉妬の感情とは無縁で、昔から色恋がらみの争いで命を失う者などいなかったという。そのためか、この村は京都や大坂から多くの人がやって来て、山村なのに賑わっていた。」（在十津川（位於今奈良縣南端）有名為『雑魚寝』（男女不分，多人通舖）的風俗。村內有個場所，人妻到少女、從下僕到旅人，村中男女不論身份，只要有緣即可於其性交。此地不存在嫉妒之情，據說從以前開始就不曾有人為情感糾紛喪命。也許正因如此，有許多人從京都或大阪來到此地，明明是山中小村，卻人聲鼎沸）。

其實在丹後半島（位於今京都府北部）的深山中，有這樣子的傳言：

「山の産物を里へ売りに行く女性は、山道で出会った男と遊びで関係を結ぶことが多い。そのため山道を男女が用もないのにうろついている。交わりを持つ方法は、男が白い手拭を女に渡し、女が赤い手拭を交換によこしたら、交わり承諾の合図になった。そのため若い男女は一杯手拭を用意して持っていた。」（到村里去銷售山產的女性，常會與在山路上遇見的男性有著短暫歡愉的關係；所以在山路

上會常常看到男女平白無故四處閒晃，這就是對異性發出「想要享受短暫歡愉」的暗號。這時候男性會向女性遞出白手帕，女性則以紅手帕做交換。因此年輕男女身上常備有大量手帕）。

江戶時代各地都盛行「夜這い」文化。鄉下地方設有「若者宿」（年輕男子宿舍）及「娘宿」（年輕女子宿舍），男女到達一定年齡後，就分別到宿舍內過夜。村內男性晚上會溜出男宿，跑到女宿說些笑話逗女孩歡心——這就是所謂的「夜這い」風俗。「夜這い」是在女方也同意的前提下進行的遊戲，西鄉隆盛想必也有經歷過吧！

這樣的習俗在大正時期左右消失。因為從大正時期開始各縣將村內的年輕人集團改組為「青年団」（青年團），並取消「若者宿」（年輕男子宿舍）領袖的權力，沒有領袖的壓力，讓男生們不再需要負起責任，私生兒也因此增加。最終「若者宿」（年輕男子宿舍）的風俗被禁止，所以男性必須費盡心力，等到夜深人靜之際，才能夜訪女性本人居住的家。這時代的男性也因政府徵兵而到大都會，體驗到都市的「女郎屋」（妓院）。

古川爺爺的吐嘈

根據在一位在長崎體驗過「夜這い」（私通幽會）的老人描述：

「女郎屋は、夜這いとは面白さが違うもん。素人の女は親が寝るまで待っとって、眠いめに逢うで、（女性の）機嫌取って、妊娠せんじゃろうかで、いっときは心配して暮らさんばならんで。（それに比べて）女郎屋は銭さえあれば、気楽にあとの関係なく、のんびり遊ばるけん、やっぱり癖になっていくわけ。」（「妓院」跟「私通幽會」的樂趣不同。如果要夜訪一般女性，必須等到女方父母都睡著了，睡眼惺忪的逗女性歡心，有時還要擔心女方有沒有懷孕。相比之下在妓院，只要有錢就好，享樂之後，就毫無關係了。在妓院可以悠遊自在的玩樂，那滋味真是會讓人上癮呢！）（森栗茂一《夜這いと近代買春》）

近代國家與徵兵制度，可說是剝奪了「村中少女聽情歌與私通幽會」的樂趣啊！

イケメン
イカす

「帥哥」不是顏質高就行！

昭和・平成時代

現代日本人這樣說

如果聽到「**イケメン**」（潮男）的第一反應是「それは生麵（いけめん）と書（か）くのだ」（漢字寫作生麵對吧？）的人，大概會知道「**イカす**」（很蝦趴）這個詞。知道「イケメン」是什麼意思的人，則會問「イカすってイカ墨（すみ）のこと？」（イカす是指墨魚的墨汁嗎？）。兩者分別都是透露說話者年齡的詞彙。

如果是對夾在中間的世代說：「彼女（かのじょ）、イケメンじゃん」（她滿酷的嘛），對方可能會輕蔑回道：「ニューハーフじゃないのだよ」（又不是變性人）。

原來是這個樣

根據二〇〇一年版《現代用語の基礎知識》，「**イケメン**」指的是「いけてる男（たち）。英語の men と面を合わせていう」（指帥氣的男子。英文的 men 及面容結合而成的詞語）。這邊「メン」指的是男性的臉，不過「いけてる」又是什麼呢？同書內提到其語意為：「感覺不錯。狀態很好。完美的。帥氣的。」

要注意的是，「いけてる」指的其實是一個狀態。也就是說，表示「いけてる男」的「イケメン」，並不是指「相貌俊美的男性」或「帥氣的男性」，而是指外表會讓女性覺得「感覺不錯、狀態不錯」的男性。韓劇《原來是美男》的日語譯名為「美男子（イケメン）ですね」，這邊將美男子等同「イケメン」，簡直錯得離譜。因為「イケメン」的「いける」等於從前的「イカす」，而「イカす」是有明確語源的流行語。

「**イカす**」成為流行語起源自昭和三十年代前半。石原裕次郎在主演電影《太陽の季節》（太陽的季節）、《狂った果実》（瘋狂的果實）、《嵐を呼ぶ男》（風雲男兒）的台詞中連續使用此詞彙。昭和三十四年七月八日的《朝日新聞》中有記下當

時流行的状況，女演員高峰秀子提到：「近ごろはまた『イカす』などとブッソウで品のない新語が若い人の間でもではやされているようである。（略）『イカすなんて最低ね』とうそぶいてもいられない。」（最近年輕人之間好像很流行像「很蝦趴」這種危險又沒格調的新語。（中略）我真的忍不住想大喊：「什麼『蝦趴』啦！真的超噁心」）。

有關「イカす」（很蝦趴）的語源，小說家有吉佐和子的作品《木瓜の花》——描述女主角正子昭和三十年代同時兼任風塵女子及料亭女主人的故事——書中即詳細提到：

「『ワ、イカシちゃうわねえ』正子の若い頃、イカスという言葉は古川緑波（ロッパ）という喜劇役者によって流行語になっていた。ロッパは充分その言葉が性的で猥褻な意味を持つことを知っていて、故意にそれを日用語の中にぶちこんでしまったのである。それは紳士淑女が口に出して使うべき言葉ではなかった。」（「正子年輕的時候，『很蝦趴』！」——「イカス」這個詞彙是因一位名為古川綠波的喜劇演員而成為流行語。古川綠波明明很清楚這個詞彙具有情色猥褻的涵義，卻故意帶到日常生活裡面來。這不是紳士淑女應該說出的詞語。如今綠波已逝，然而年輕人們、甚至連還是二八年華的美麗少女，都毫不介意地使用這個詞彙；而且

他們在使用的時候，還故意用一種自以為時尚的口吻表現）。

小說中仔細描述「イカす」的語源，並說明了這個日文詞彙「性的で猥褻な意味を持つ。それは紳士淑女が口に出して使うべき言葉ではなかった。」（帶有色情猥褻意涵，並不是紳士淑女應該說的詞彙）。

古川爺爺的吐嘈

《江戸語辞典》中也寫道「いかない」的意思是「不好的」。關於「いく」的例句，則引用了下面的這段話：「こいつは寝ていても行くやつだ」（這傢伙在睡覺的時候都能高潮）。中野栄三在《性風俗事典》中提到：「在性行為的快樂極限時使用『行く』（去）是全世界通用的表現」。[45]梅原北明在收錄淫語的字典中亦提到「いかせて、いかせて」（讓我去吧、讓我去吧）。也就是說從「いけてる男」而來的「イケメン」，是「イカす男」的現代版本：指的是只憑外貌就能讓女性到達性高潮的男性。

由此看來，語源和歷史都在不斷地重演呢！

45 【譯註】梅原北明（1901—1946），昭和時代性研究家、編輯、翻譯。

第三章

日本庶民的日常

かわいい　おしゃれ

可愛其實很可憐？

南北朝時代

現代日本人這樣說

聽日本年輕女性說話，會發現她們的語彙量，真是嚇人的貧乏；只需要兩、三個詞語，再加上音調變換，就可以構成對話：

「それって、かわイイっ」（那個好可愛！）

「ね！あ、それもオシャレ――ッ」（是啊！喔、那個也好時髦喔！）

「けっこうカワユイから、あっ、オシャレ――ッ、と思(おも)って買(か)ったの」（因為實在太可愛了，就覺得～嗯，好時髦喔，我就買了！）

搞了老半天，她們只是在互相稱讚彼此上萬元的名牌。在男性看來，這段對

話應該超級不「**カワイイ**」（可愛）吧？我真的無法理解，購入一個花光薪水都買不起的高級品怎麼會是「カワイイ」的事呢？

原來是這個樣

接著來看「可愛い」的語源吧！這個日文詞彙來自「顔映ゆし」，變為「かわゆい」之後，再轉音成「可愛い」。「顔映ゆし」在《源平盛衰記》[1]指的是羞恥的、值得同情、悲哀可憐的。此書成書於鎌倉至南北朝時代，一直到戰國時代，「かわユイ」都還表示「羞恥、悲哀」的意思。南北朝到戰國時代正逢地球的小冰河時期，全球溫度下降，人類飽受飢荒所苦、戰亂不斷。這個時代的人沒有餘力跟現代人一樣用「可愛い」表示可愛。

根據文化人類學研究，在飢荒社會有「可愛がる」（疼愛、寵愛）情感的人，會被當作瘋子。戰國時期來到日本的傳教士，也因為日語中沒有相等於「愛」（愛）的

1 【譯註】鎌倉中期成立的軍記物語，描述源氏及平氏兩家的盛衰。

字眼，只好將「愛」譯作「大切に」（重要的）。從當時的語意來看，剛剛女孩們的對話就變成「それって、恥ずかしい」（那個好丟臉喔）、「哀れよね」（很悲哀吧），可見時代嚴峻與否會影響詞語的意義。

江戶時代後，小冰期趨緩，生活也稍微富裕起來。「可愛い」就出現了這樣的意思：「女、子供などが愛らしい」（女人、小孩等討人喜愛）、「甘えの気持ちを込めて愛人などをいとおしいと思う様」（帶著甜蜜的情感思慕愛人的樣子）。這就是現在所使用「可愛い」的意思了，不過現在的年輕女性對名牌品，跟對「愛人」（戀愛對象）的情感，似乎是相同的。日本人也會在朋友介紹交往對象時，說出：「かわいいっ！」（好可愛！）。或許也可以說，我們用「同等的愛」在愛著「人、物品，並且就像愛自己的男女朋友一樣愛別人的男女朋友」。跟別人的男女朋友」吧。

另一個萬用詞彙「**おしゃれ**」（時尚的），據說語源來自「され」（曝曬）。這個字表示物品經過日曬風吹雨打後，變得陳舊褪色，像「しゃれこうべ」（骨骸）般地被洗刷乾淨；也有俐落優雅的意思。據說是戰國末期至江戶初期的儒學家藤原惺窩為「され」加上漢字「洒落」。漢字「洒落」本身也有「木の葉がさっと散る」（樹葉散落）這種俐落、氣質清爽的涵義在。

古川爺爺的吐嘈

江戶時代「しゃれ」出現「輕巧機靈」、「身段俐落」、「衣著引人注目」的意思。現代人會加上接頭語[2]「お」，不管看見食物、名牌品還是百元商店的商品都可以四處喊「おしゃれ！」（好時尚）。

織田信長（おだのぶなが）也曾戴過西洋傳來的帽子，如果對他說「わ、オシャレ！かわイイ！」（哇！好時尚！好可愛！）的話，說不定會因此被斬首吧？

---

2 【譯註】接頭語（語首）「お」在日文中可做為尊敬（表示對對方的敬意）、謙讓（表示對自己的謙虛）及美化（修飾詞語）使用，一般於接於和語（日本原有詞彙）前面。漢語詞（來自漢語的詞彙）前面則會加上「ご」。

笑（わら）う　嫌（きら）う

誰說笑門福必來？

室町時代

現代日本人這樣說

最近的年輕人會特地搞笑，讓別人笑得前仰後翻。電視上藝人之類的也成天捧腹大笑，令人嘆為觀止。

原來是這個樣

日文俗諺說「**笑（わら）う門（かど）には福（ふく）来（きた）る**」（笑門福來，指常笑的人自然會有福氣），這

句話其實起源自江戶時代商人。在這之前，「笑われる」（被笑）可是令人「**嫌う**」（厭惡）的事。尤其在室町時代応仁、文明年間，「**笑う**」真的是「嫌われる」（被討厭）的事，而且其語源的意思也是「嫌われる」（被討厭）的，一提及此，真令人不寒而慄。有一說「**嫌う**」來自「斬り合う」（互砍）。即遇到討厭的東西就要拔刀——這在室町時代是理所當然的事。不只武士階層，當時就連僧侶、商人或農民也持有強烈的自尊心，無法忍受被嘲笑。

応永三十一年（1424）六月，奈良祭典中人潮摩肩接踵，群眾裡有一名來自鄉下的觀光客，因為喝醉做出了可笑的事。一位「遊女」（妓女）正巧經過，見狀笑出聲來。只是因為這樣，被嘲笑的鄉下人怒髮衝冠，拔出[3]「脇差」，白刀霍霍地衝進「遊女屋」（妓院）內，將嘲笑他的妓女一刀斃命。他殺得眼紅，將妓院的老鴇也接著砍死了。結束犯行的這位鄉下人，最後從容不迫地切腹自盡。

雖然這件事看似毫無邏輯，不過在當時並非無法理解，人們反而認為「笑った者が悪い」（嘲笑別人的人有錯），無法就此了結。這位鄉下人的鄰居拔刀衝到奈良，與在奈良迎戰的村民發生衝突。據說雙方都有傷亡。此事件可說是印證了「嫌

3【譯註】刀劍的一種。又稱脇刀、懷刀、懷劍等。

う」正來自於「斬り合う」。

當然連小孩也不能赦免。文安元年（１４４４）五月一日，有一行隊伍在前往都城的道路上，孩子們在旁天真無邪的嬉鬧。隊伍中其中一名侍衛也作勢要輕敲孩子的頭，溫馨場面令人莞爾。此時，另一名武士從隊伍後方竄出，拔刀對孩子連砍三刀。被砍的八歲孩童渾身浴血，痛苦翻滾著說道：「菖蒲の刀でも持っていたら、遅れはとらぬものを……」（如果我有菖蒲刀的話，就不會猝不及防了……）。再過四天就是五月五日端午節，日本兒童會使用菖蒲的莖做成玩具刀；不過這位孩童當晚就斃命了。

「**笑う**」、「**嫌う**」的語源，暗藏在如此悲慘的時代裡。這樣的時代氛圍之下，最終迎來「天下麻の如く乱れる」（天下亂如麻）的[4]「応仁・文明の乱」，接著進入戰國時代。

古川爺爺的吐嘈

「笑う」的語源則來自「割る」（裂開，指咧開嘴破顏而笑之意）武士教育中，男性不能露出牙齒，禁止嘻笑。一直到江戶時代中期，「笑われること」（被嘲笑）仍被視為最大的恥辱。江湖豪傑因為武術高強，才能夠「高笑い」（哄笑、大笑），多數人則因害怕被斬殺而死忍笑意。

現代日本女性在笑的時候，也會以手掩嘴。聽說這樣的動作在西方被認為「嘘をついて何か隠しているようだ」（好像為了掩蓋什麼秘密而說謊一樣），不過她們在遮掩的，其實是咧開的嘴。西方人大概想不到，日本女性這樣的動作，是來自於「只要咧嘴笑就可能會被斬殺的歷史」吧。

4　【譯註】1467年至1477年由幕閣派閥對立所衍生的內亂。

せっちん はばかり

江戶人早就知道「糞便可以變黃金」！

江戶時代

現代日本人這樣說

「ちょっと、はばかりへ」（我去個便所）。

現代已經沒有人這樣說，大多是說「お手洗い（てあらい）」（洗手間）和「トイレ」（廁所）。另外「雪隠（せっちん）」或「厠（かわや）」（兩者皆指廁所）雖然也沒人在用了，多數人還是知道有這個說法。可能很多人想，這些詞彙跟日本歷史有何關聯？不過其實它們在日本的衛生及農業發展史上，是有重要意義的。

因為要有廁所，才能將排泄物做成「下肥（しもごえ）」（排泄物做成的肥料）種菜，而日本傳統住屋設有廁所的時間比較晚，所以用排泄物當肥料的時間也較晚。

原來是這個樣

「せっちん」漢字為「雪隠」，來自「せついん」這個字。原本是禪寺的用語。禪宗寺院是最早設置廁所的地方，有「東の東浄・東司」（ひがしのとうちん・とうす）及「西の西浄」（にしのせいちん）兩處廁所。負責清掃廁所的稱為「浄頭」（ちんじゅう）。中國宋代的禪僧[5]「雪竇重顯」（せっちんじゅうけん）曾隱於寺院擔任浄頭職務，因此稱廁所為「雪隠」（せっちん）。

與[6]「雪隠僧正」同時代，在中國修習後歸國的[7]道元（どうげん）將此系統引進日本。道元（どうげん）在《正法眼蔵》（しょうぼうげんぞう）中，將大便也視為修行，制定了時程及規則，並強調要洗手。日本的洗手習慣即是從道元開始的。鎌倉時代曹洞宗的禪寺首先設置「雪隠」（せっちん），並推行洗手習慣，不過將排泄物做成肥料是更之後的事。室町時代的大寺院雖皆設有「雪隠」

5【譯註】雪竇重顕（980—1052），中國北宋禪僧。謚號明覺大師。原文標音是「せっちんじゅうけん」，經考證，日語標音應為「せっちょうじゅうけん」。

6【譯註】此處提到與道元同為中國宋代人物，且與「廁所」有關的禪師，應為「雪竇」；但是歷史上雪竇重顯並沒有擔任過僧正職務。

7【譯註】道元（1200—1253），鎌倉前期僧侶。從中國將曹洞宗禪法傳入日本。

與「洗手盆」，普遍還是習慣於庭院內解小便。

江戶時代才開始以糞尿做肥料。這個時代江戶的裏店（うらだな）（商家背面或小巷內建造的房屋）設有公共廁所、農家也有廁所。排泄物在江戶時期稱作「クソ」，會送去給近郊的農家當肥料。這些肥料還有品質之分，武家屋內的「クソ」（排泄物）最為高價，主君在家時價格會更高。

因為小便不會做成肥料，江戶男兒會站著解手，女性則隨便找個水溝蹲下小解。高雅的女性外出時會向附近的「辻番（つじばん）」（巡邏所）借廁所，對方明知是小解，仍會故意壞心眼的回道「ウン、どうぞ」（嗯，請用）。「ウンコ」（大便）的「ウン」即是排便時用力之意。

據說幕府最高學府的某個老儒者曾在歸途上因尿意襲來，站在武士家屋的牆邊小便，被警衛大力斥責後記下名字、遭到拘留。家屋內的「留守（るす）居（い）」（警衛總管）接到通知，嚇得臉都綠了，將那名警衛痛罵了一番。

江戶的特徵之一，即是各處牆上皆畫有[8]鳥居，貼著「小便無用（しょうべんむよう）」（禁止小便）的紙條。相反的，關西地方只用「小便」做肥料。如果到京都、大阪一帶，就會看到四處都擺著桶子，經過的女性會捲起衣襬，在桶子裡解手，而且站著解手完之後，她們會熟稔地搖擺腰部收尾；當時只有富家女子才使用廁紙。

京都並不是因為位處觀光地，才在街上放置小便用的桶子，而是要把小便當作肥料販售。購買的農家會為了確認品質，用手指沾取小便、輕舔嘗味道。接著會將小便與自家的汙水一同放入容器中充分混合，每天用木棍攪拌一到兩次，使其發酵。如此即能做出沒有臭味的特製高級肥料。

另外一個詞彙——「**はばかり**」（化妝室）的語源是「阻む」（阻擋、妨礙），是將「恐れ慎む、人目を憚る」（戒慎惶恐、不可見人）名詞化後，用來表示廁所。這個詞出自江戶中期[9]町人女性的隱語，後來變成武家女性的隱語，到了幕末就廣泛被使用了。因此「はばかり」原本是女性詞彙。

古川爺爺的吐嘈

話說回來，男性也沒在管別人眼光，都直接說「ちょっとトイレ」（我去個廁所）。

8　【譯註】畫上鳥居的意義是希望藉清淨、神聖的神社意象來禁止路人隨處小便。
9　【譯註】室町時代之後出現的階級，指住在都市內的工商業者。

やにわに首(くび)になる

在日本「被開除」等於「被斬首」？

鎌倉時代

現代日本人這樣說

電視上有位主播在播報經濟不景氣的新聞：「やにわに、こうバッサリ『首(くび)になる』のでは、たまったもんじゃありませんよね」（這樣當場被乾脆的「炒魷魚」，讓人無法接受吧？）他邊說邊在頸部做出砍頭手勢。

這位主播雖然口若懸河，嚴格來看，使用的語彙卻有許多錯誤。

原來是這個樣

「**やにわに**」（當場、突然）漢字寫作「矢庭に」，原意是「矢の飛び交う戦場で」（在箭矢紛飛的戰場上），表現出平安末期到鎌倉時代的戰鬥，是以弓矢相交為主。後從「矢庭に＝戦場に」的語意，引申為「在現場當機立斷進行」、「直接」、「馬上」的意思。鎌倉初期的《今昔物語》即有使用過這個詞，而《平家物語》中則提到：「やにはに八人斬り伏せ」（當場砍倒了八個人）。

「やにはに」後面一定要加「八人斬り伏せ」（砍了八個人）這樣的句子才行。話說回來，主播說「やにわに首になる」（突然被開除）的時候，比出砍頭的手勢，也是錯的。

「**首になる**」（開除）並不是指「斬首」（斬首）。很多人以為它正是從「打ち首」（斬首）這個詞而來，不過這是誤解；而且從語源來看，「首になる」也沒有「解雇」或「裁員」的意思。「首になる」最初來自[10]「人形浄瑠璃」業界。演出結束

10【譯註】日本傳統表演藝術，是以稱作「浄瑠璃」的戲曲搭配人偶進行的演出。

後，只保留人偶的頭部，這稱作「首になる」，意思是「人形が首だけになる」（人偶只剩下頭）。在新的演出中，會將偶頭穿上新的服裝再使用。換成現代的表現方式，「首になる」只是指一個工作結束後「為頭進行換裝」，硬要說頂多就只是「更換部門」，等待下一個工作來臨罷了。

不過還是要為主播辯解一下，因為江戸時代[11]「洒落本」之中「首が離れる」（身首分離）指緣分已盡的意思，所以例如「とてもこんどはおさまらねへ、首だろう」（這次真的是無法收拾了，應該會被開除吧）這樣的台詞中，「首」即「失業」，說這話的背景可是在花街喔！說不定主播認為觀眾與「洒落本」中在花街工作的男性是同類，才這樣說的？

順帶一提，「首」在江戸時期也表示女性的面容。「看板の首といふものありて」（她被稱為招牌人物）指稱容貌美麗的女子，還有「気の悪い首だぞ。ちくしゃうめ」（礙眼混蛋！他媽的）等，都是對妓女或藝妓說的話，表現出人們只把妓女、藝妓當作人偶看待。順帶一提「遊郭」（花街）的發源地「吉原」轉移至淺草的「新吉原」後，原本的地區即被改名為「人形町」（位於今東京都中央區日本橋人形町）。

古川爺爺的吐嘈

不管怎麼說，「やにわに」來自源平時代以來的武士戰鬥，而「首にする」則來自江戸時代的「人形浄瑠璃」（一種日本傳統表演藝術）。言語的歷史如此複雜，用起來也不簡單呢！

11 【譯註】江戸時代中期出現的文學形式，是一種寫實的短篇遊郭文學。

百姓（ひゃくしょう）
民（たみ）

「百姓」其實是田僑仔？

江戶時代

現代日本人這樣說

我有個年輕朋友住長野縣上田市，他畢業於農業高職，工作之餘喜歡在自家田地種農作物。他多才多藝，不僅有文采，且不管電腦或汽車都能自己修好。我稱讚他的才能時，朋友回：「百姓（ひゃくしょう）は何（なん）でも自分（じぶん）でやるんです」（我們農家什麼都要自己做啊）。我被這番話嚇了一跳！因為這句話不偏不倚地說中了「**百姓**（ひゃくしょう）」（農民）的語源。

原來是這個樣

「**百姓**」是來自中國的詞彙，原本不是指農人。百姓拆解開即「百（多くの）姓」（眾多姓氏），指全天下姓氏各不相同的人民。按日文漢字念法中的「呉音」（從長江下流流域傳到日本的發音）念為「ひゃくしょう」、「漢音」則念為「ひゃくせい」。

日本古籍中將「百姓」的發音標為「オオミタカラ」。這個發音可以解釋為「王御宝」，即指貢獻給大王的金銀財寶。不過另一本古書則將「オオミタカラ」寫作「大御田族」。應指受賜大塊田地的家族。普遍認為，一直到王朝時代結束為止，「百姓」是總稱擁有姓氏的地方豪族。他們在官方登有戶籍，並擁有國家賜予的[12]「班田」（類似中國古代的「均田制」）。這邊要特別注意，只有在日本，「百姓」的定義裡，才會附帶「水田」。

漢字「民」的呉音為「ミン」、漢音為「ビン」，原意只指大眾。這個字到了

12【譯註】來自中國的土地制度，由國家按人口授予田地給人民。被授予的田地終身受用，死後必須回歸公有。

日本，訓讀念作「田身」，即農民。「村」字中文指「聚落」，除了住家集中之地外沒有其他涵義，但在日本「村」指稱農村。這表示在日本，國家的概念形成自「水田」中心思想。因為農業主義思維，日本人才為「百姓」賦予了「農民」之意。因此將「百姓」看作農民是歷史上的重大錯誤，正如同開頭朋友說的話，「百姓」是「什麼都要做」。

關東農村中，有四分之一會從事[13]「農間渡世」，例如：養蠶、織布、製菸等產品製造業，這些都不算作農業。實際上這些工作的收入也比較多；可以說，農村有四分之一的人口是從事製造業的人。不僅如此，就像日本農村家家戶戶都有[14]「屋号」，有鐵匠、也有人從商、進入金融業等。這些在漢語裡都算做「民」、「百姓」（平民），但不等同日文的「**民**」、「**百姓**」（農民）。

以中世史家網野善彥所介紹江戶前期的奥能登（今石川縣能登半島尾端）為例，在輪島及宇出津（兩者皆位於今石川縣能登半島北部日本海沿岸）等地，有七成以上幾乎不產米糧、沒有田地。乍聽之下，此處似乎極為貧困，但只要瞭解他們的產業型態，就知道當地多以不需田地的船運、商人、工藝師等為業；反而當地被稱作[15]「水呑百姓」的[16]「柴草屋」（一家船運業的商號），其實曾經借出百兩之多的黃金。輪島及宇出津雖然是農村，卻成為奥能登最大的都市。幕府及領主注意到這一點後，將田賦稅收增加為八成。

古川爺爺的吐嘈

上州（位於今群馬縣）知名的「カカァ天下」（妻子權威高於丈夫）似乎也與女性養蠶業有關。由於蠶的生長與女體週期相似，此地女性專門養蠶，收入也比男性多。形成了「カカァ天下」的民風。

漁村中亦然。由於男性家主捕魚回來就在家中耍廢，女性就負責殺魚、曬魚乾、販賣。這並非「半農半漁」（農閒時間以漁業為生）而是「水產加工業」（水產加工業）。因此漁夫的妻子也很強勢。收入多的女性比較強勢這點，是亙古不變的道理。

13【譯註】江戶時代農民在農作之餘進行的工商業活動。

14【譯註】近世商人由於不被允許擁有姓氏，因此互相以屋號相稱。屋號可以取自出身地、販賣品項等，相當於店家的商標、招牌等名聲象徵。

15【譯註】指不持有田地、只能喝水維生的下層貧困農民。

16【編註】「柴草屋」是江戶時期一家以經營船運、港口業務等為主的商行。

げこ じょうご

在日本酒宴大吐特吐，才狂！

室町時代

現代日本人這樣說

現代喝酒的方式變了。不對，也許該說「酒醉的方式」變了。以前有所謂「笑い上戸(わらいじょうご)」(喝醉後愛笑的人)、「泣き上戸(なきじょうご)」(喝醉後愛哭的人)，甚至是「舐め上戸(なめじょうご)」。「舐め上戸(なめじょうご)」指人酒醉會亂舔鄰座的臉。

原來是這個樣

稱會喝酒的人「上戸」、不會喝酒的人「下戸」的這說法，其實它們的語源比我們所想的更加悠久。平安時代即有如此說法。將平安末期成書的《大鏡》中的記載內容，翻譯成現代日語如下：「男は上戸であるのは一つの魅力だが、飲みすぎるのは大変不都合になることもある」（雖然男性會喝酒是一種魅力，不過喝過頭也可能出現非常不像話的行為）。後面例舉了酗酒短命的藤原済時和藤原朝光酒醉後的舉止。既然平安時代將會喝酒的人稱作「上戸」，想必也將不飲酒者稱為「下戸」。

「上戸」、「下戸」的「戸」表喝酒的量。這是日本特有的語意。中文裡有「酒戸」表示酒量（喝了不會醉的量），分為酒量大的「大戸」及酒量小的「小戸」。

室町時代的足利將軍家歷代都酒量極佳，而後花園天皇為首的皇室、公家，皆不勝酒力，被稱作「御酒下戸」；因此參加「上戸」將軍足利義持連日的酒宴時，皇室及公家的人都只感到萬分痛苦。

古代人的酒醉方式，也與今日完全不同。「酒宴の席でゲーと『嘔吐』するのが座興」（酒宴上「嘔吐」可是餘興節目）——別太驚訝了！在那時候，如果沒有嘔

吐，就無法炒熱宴會氣氛。甚至有「当座会」這樣的専有名詞，形容「人邊喝邊吐在座墊上的行為」。在宴中大吐、做出「当座会」行為的人，要接受懲罰——下回主辦酒宴。

足利義教拜訪伏見宮貞成親王時舉辦的酒宴上，[17]勧修寺経成做出了「当座会」的舉止，而且還是噴吐在貞成親王特地向広橋親光借用的屏風上。経成見此狀，立即說：「広橋に懸けて濯ぐべし」（得掛在寬廣的橋〔指広橋〕下清洗才行），當下氣氛瞬間被炒熱至高點。貞成親王自己也在《看聞日記》裡記下這件趣聞。可知在酒席座間嘔吐是最棒的餘興。

假如成為[18]関白二条持基，甚至能以其身分將嘔吐提升至藝術的境界。二条持基的特技是邊吐邊喝，喝了再吐，永豊朝臣則負責清理殘局。関白每次在酒宴上都會嘔吐，永豊朝臣就出來擦拭。這樣反覆的「咕嚕咕嚕」、「嘔～」、「擦擦」，逗得將軍足利義教龍心大悅。日野勝光的家臣墓崎若狭守則是知名的「キス上戸」（喝醉後亂親人的人），喝醉了遇見誰都親，眾人皆不敢接近。只有年老行動不便的「安富勘解由」[19]入道因躲避不及成為餌食。

有位名為成知客的人物因醉態聞名，其酒醉方式不是常人能及。因此沒人會讓他喝酒。某夜，從某處找酒的成知客，藉奉行（奉上級命令行事的官職）[20]飯尾之種的使者名義混入一場酒宴。他以半狂亂的醉態，在酒席眾人前大便；而且是大在大畫家宗湛的手上，宗湛還開玩笑地將手強壓在名將多賀高忠的鼻子上。真是讓人無法接受、不堪入目又臭氣沖天的宴席！

古川爺爺的吐嘈

賞花歸途上，爛醉的武士會在路邊嘔吐，隔壁則有因飢餓而倒地不起的民眾。寬正年間的飢荒，造成京都就有八萬人曝死街頭，連鴨川也堆滿了屍體。

當時京都人口有二十萬人。在飢荒時期，為難民們設立救濟小屋、四處奔走發放粥湯的時宗[21]僧侶願阿弥，至今只有名號被流傳下來。

17【譯註】勧修寺経成（1396—1437），人名標音應為「かんしゅうじつねなり」。室町時代公卿。
18【譯註】輔佐天皇統領百官的官職。
19【編註】剃度出家之人。或指皇室、貴族公卿以在家身分而剃度、披法衣的人。
20【譯註】飯尾之種（生卒年不詳），室町時代法務人員。
21【譯註】日本佛教派系之一。為淨土宗支派。

一味（いちみ）

イッキ

日本人的「歃血爲盟」用的是「水」？

室町時代

現代日本人這樣說

現在年輕人的聚會上仍會進行「**イッキ**飲（の）み」（一口氣乾杯）的活動。常有人要求如果不乾杯就絕交等，因而造成事故不斷。

這些人在「**イッキ、イッキ**」（一口氣、一口氣）的喊聲中，賭上性命將酒飲乾。一口氣乾後所響起的眾人的歡呼及鼓掌，甚至讓人產生了彷彿「**一味**（いちみ）になった」（結為夥伴）的感覺。

原來是這個樣

「**イッキ**飲み」的「一**気**」來自「一気呵成」（一氣呵成），指一口氣將酒水喝乾。到了江戶期，「一気」也用作「同じ気分、気持ちになる」（有同感、同樣心情）之意。以前要表現「有同感」會使用「一**味**」（同夥、同黨）一詞。《平家物語》中說「北嶺（比叡山）は円宗一味の学地」（比叡山為天台宗一派的修行地），擁有相同目的而聚集在一起的人群被稱作「一味」。也有「一味同心」（志同道合者同心協力）這種用法。

「一**味**」來自「一味神水」，原意為在神前交飲神水，發誓相互遵守約定或規範。此習俗最早可追溯回平安時代末期。所謂「神水」是從特殊的井汲取出的神聖之水，也有人以在神前斟杯的酒進行「一味神水」。進行「一味神水」儀式後，人們因為相同目的而團結一致，稱作「一**揆**」。「揆」指「謀略」、「整體計畫」，計畫一致即「一揆」。鎌倉時代的「一揆」指「一致團結」，到了南北朝時代引申成「統一計謀」之意，演變為今日使用的「一揆」。

最初的「一揆」起源於中小型武士團結盟戰鬥。豐後（今大分縣）的[22]守護職大友氏為與南朝的菊池氏戰鬥，一統豐後國內的中小武士團，並規劃組織架構。當時，大友氏與中小武士團在神前「一味神水」，宣誓「守護の大友氏を支持し、菊池氏と戦う」（支持守護大友氏，與菊池氏對戰）。因旗紋統一為「角違」，這個集團被稱作「角違一揆」（角違集團）。

之後在戰國時期出現知名的「一向一揆」（一向宗集團）。[23]一向宗的信眾不論武士團或農民，都集結於神前進行「一味神水」的儀式，結為「一向一揆」（一向宗集團）。他們在北陸地區滅了「加賀守護」（負責維護加賀地區治安的官員）富樫氏，將加賀國變為「一向一揆」（一向宗集團）的國度。當時進行「一味神水」儀式時，會燃燒「起請文」（神前發誓時寫於紙上的誓約），並將灰燼混於神水中飲下。因此現場氣氛據述詭異得「身の毛もよだつありさま」（讓人毛骨悚然）。

古川爺爺的吐嘈

現今的「**イッキ**飲み」也跟「一揆の一味神水」一樣，在大人眼中看來「身の毛もよだつありさま」（毛骨悚然）、危險萬分，但是他們並沒有進行「はかりごと」（謀劃、計畫）。偶爾可能計畫一起推倒女性，不過這種計謀一旦上新聞大概會被公司開除吧？年輕人在飲酒時聽起來像在喊「一揆」的「イッキ」，其實應為「一気」的「イッキ」才對。

另外在江戶時代有所謂「水呑み百姓」，雖然不確定語源，不過流傳下來的語意「水しか呑めない貧しい農民の意味か」（大概是只能喝水的貧窮百姓）。考慮到「一味神水」的習俗，說不定「水呑み百姓」指的是喝下神水、發誓隸屬於大地主，被強迫義務為主人奉獻勞力的佃農。「頼む」（拜託）的語源也來自「手飲む」，指以手掬水飲用。其他相關用詞還有「泥水を飲む」（咬牙苦撐）等等，「飲む」（飲水）行為在日本文人化裡，是具有象徵意義的。

---

22 【譯註】鎌倉幕府、建武中興幕府、室町幕府的職位名。主要負責維護地方治安及統領武士。

23 【譯註】日本佛教宗派之一，又名淨土真宗。為淨土宗支派。

あなかしこ 敬具（けいぐ）

消失的書信文末謙稱詞

戰國時代

現代日本人這樣說

現今女性寫的書信中，已經不會在結尾寫上「**あなかしこ**」（謹啟）這個詞。字典中也只有簡單說明「あなかしこ（穴賢）女性（じょせい）が手紙（てがみ）の文末（ぶんまつ）に書（か）く言葉（ことば）」（あなかしこ乃是女性在信末寫的詞語）。

要在信末寫「穴賢」這樣子的漢字，並加上自己的名字，女性們必定有些抵抗。要是電腦選字錯誤，就會變成「穴貸し子（あなかしこ）」（借別人洞的女子），就尷尬囉……

原來是這個樣

「あなかしこ」的「あな」為感嘆詞，「かしこ」則為「かしこし」（敬畏）的略稱，整體語意為「ああ畏れいります」（啊～誠惶誠恐）、「大変恐縮に存じます」（非常不好意思）。這在平安時代是口語上也能使用的。《紫式部日記》中提到：「あなかしこ。このあたりに、若紫やさぶろうや」，意即「非常不好意思，請問若紫在這附近嗎？」

可知「あなかしこ」在平安時代只是打招呼用語，後來被使用在「仮名書状」（以假名書寫的書信）表示對對方的敬意。現今通常放在信末當作敬辭，也有少見的情況會被寫在信首。原本男女皆可使用，現在男性不使用。

男性的書信以「拝啓」（敬啟者）開頭、「**敬具**」（敬上）結尾。「拝啓」意為謹慎告知，與「敬具」語意相同，只是漢字相異。「拝啓」由「拝」（鞠躬）與「啓」（開口）組成，「敬具」則是「敬」（尊敬的）「具」（奉上）之意。

平安末期藤原明衡的書信集《明衡往来》中，即有紀錄此種書信格式。鎌倉末期「一条家経」等所著《弘安礼節》則整理了公家的「書札礼」（書信格式）。同時期的武家書信格式也有所規範，室町時代製作出許多書信的模範格式，連戰國大名的書信，也有固定格式。

戰國時代尤以寄給基督教大名的書信，最為有趣。基督教大名的書信開頭會寫上象徵基督教十字架的ｆ或**ト**字樣，然後直接進入正題。這個符號正表示：「アーメン、神に祝福を」（阿門，願神聽見祝福）。收錄在《真田家文書》（米山一政編・長野市刊）裡，發生[24]「関ヶ原合戦」（關原之戰）前的石田三成與大谷吉継寄給真田信之的信，也使用了這個基督教符號，並以「恐惶謹言」（臨稟惶恐）結尾。雖父親真田昌幸與胞弟幸村皆加入西軍，真田信之卻加入了德川家的東軍。徳川家康的謀臣本多正信寫給信之的書信中，也有使用相同符號。

古川爺爺的吐嘈

當時「関ヶ原合戦」（關原之戰）的烽火連天中，要與「大坂」（大阪）書信往來困難重重。道路分別被東西兩軍的諸大名截斷，使者與「飛脚」（江戸時期的信差）都無法通過。當時的戰國大名會請被稱作[25]「山伏」的深山修行者來代替「飛脚」。

由於「山伏（やまぶし）」（修行者）在修行時走遍了山中稜線，無論國境是否被敵方封鎖，皆能繞山路通過，確實送達書信，但是「山伏（やまぶし）」無法像大名的隨身使者般地傳遞大名所欲表達的細微語意，因此大名必須詳細將內容寫於書信內。寄給真田信之的那些書信，一定也是以相同方式運送。

24 【譯註】1600年於美濃國関ヶ原（位於今崎阜縣）爆發的戰爭。戰鬥雙方為由德川家康領軍的東軍，以及由石田三成、毛利輝元等人領軍的西軍。

25 【譯註】在山中修行的修驗道實踐者。修驗道為日本自然信仰與外來佛教、道教結合而成的日本宗教。

がんばれ

睜大眼！走出屬於自己的口袋景點！

江戸時代

現代日本人這樣說

奥運、世足賽等國際運動賽事上，群眾總會高喊：「**がんばれニッポン**」（日本加油！）選手聽到加油聲，也會對著轉播鏡頭說「**頑張ります**」（我會加油！）。這個詞彙似乎起源於江戸時代，而且原意跟今天的用法迥然而異，令人驚訝！

原來是這個樣

「**がんばる**」（加油）語源來自「眼張る」。《江戸語辞典》解說為：將兩眼睜大觀看。延伸為「觀望、監視」之意；表示不放過任何細節，細心凝望、注目、瞄準。開頭的「眼張る」還追加註記：將「眼」寫成「頑」，這是別字。

江戸中期安永九年（1780）的洒落本《根柄異軒之伝》記載了有關「がんばる」的例子：「大道をがんばって、かな釘一本でも落ちて居る物を拾ふ」（在街道上東張西望，撿拾鐵釘等任何掉落的物品）、「入り口にがんばって人を入れない」（在入口處監視，不讓任何人進入）。

這是江戸幕府十代將軍「徳川家治」的時代。

江戸後期可謂「眼張る」的時代，四處旅行遍覽各地蔚為風潮。在此之前，日本人在旅行的時候，皆只前往成為和歌[26]「歌枕」的景點，透過以前的知名和歌來品味景色；這是一種依照他人的價值判斷來觀看風景的旅行方式。

但是江戸中期開始，越來越多人在旅行時，使用自己的雙眼四處觀察，以自己獨特的觀點來欣賞景緻。這種旅行方式的先驅是「貝原益軒」。他在京都及福岡旅行、寫下遊記，也與當地居民搭話，聆聽且記錄下當地人的善行、或當地人使用石炭來生活等大小事。

這樣跨時代的行動在日本史上，也許是首次出現。貝原益軒的旅行方式並非參

26【譯註】成為和歌題材的知名景點或遺跡。

訪觀光勝地，而是自己睜大雙眼尋找珍奇的事物。

伊勢松阪（位於今三重縣松阪市）的本居宣長花費三十年撰寫《古事記伝》。他也在寫作間實際遊歷古代大和所在地，親身觀察分析古代天皇陵墓。他睜大雙眼旅行，確立了日本[27]國學，紀州藩主[28]德川吉宗找他諮問政治，宣長甚至親筆寫[29]「一本書」獻給藩主。

[30]古川古松軒是岡山人，他遍旅[31]「西国」各地，將不單是習俗、物產、史蹟，連為生活所苦的民間紀實、對官員的批判都記錄在《西遊雜記》中，成為聲名大噪的地理學家。當時的[32]「老中」「松平定信」聽聞此事，便將古川古松軒加入幕府[33]「巡検使」（巡見使）的出巡隊伍。古川古松軒隨著巡検使（巡見使）從奥羽（約等於今日本東北地區）周遊至蝦夷（今北海道），將當地現況寫入遊記《東遊雜記》。

「ガンバル」確實來自「眼張る」。原為克服萬難，努力將眼睛睜大發現事實之意。後來在明治時期之後引申為「不屈不饒地持續努力」，變成現在我們說「ガンバレニッポン」的意思。明治期小偷的黑話中，「ガンバル」意指「密切觀望」。由此可知，明治時期普羅大眾已經忘了「眼張る」原本的語意。

另有一說「がんばれ」語源來自「我を張る」（堅持己見），我認為這是明治時期以來的人們，遺忘了自江戶中期開始「發現時代」的這段歷史後，牽強附會的結果。

古川爺爺的吐嘈

不論如何，在觀看運動賽事時，我們確實也從觀眾席「眼張れニッポン」（觀看日本隊）！被觀看的選手也備感壓力而「眼張ります」（睜大眼集中精神）。雙方都保有「**かんばれ**」這個日本語語源的最初精神。

---

27 【譯註】江戶時代興起的學問，與儒學、朱子學相對，以研究日本古典及古代日本為核心。

28 【譯註】當時的紀州藩主應為德川治貞。

29 【譯註】即《玉くしげ》。

30 【譯註】古川古松軒（1726—1807），江戶中後期地理學家。

31 【譯註】關於東國、西國的區分方式，因時代與文獻不同不斷改變，目前未有定論。有說以箱根山以東至奧州地區為東國、西國則泛稱京都以西之地區。

32 【譯註】江戶幕府的官職名，負責統領全國事務。

33 【譯註】奉幕府之命巡迴諸國，視察政情、民情及農作的職位。

旅（たび）　悲（かな）しい

江戸人的「旅行」不是工作紓壓的小確幸！

江戸時代

現代日本人這樣說

我認識的一位有錢人忿忿不平地說著：「ボランティアで募金を集める旅をしてたら、それを狙って盗んだやつがいたそうだ。悲しいことだね。いつから日本人は、そこまで落ちたんだ」（聽說有位志工為了招募善款而四處旅行，沒想到居然被人盯上、善款被偷走。真是悲哀啊。日本人什麼時候落魄到這種境界了）這位有錢的朋友雖然忿忿不平，不過他也沒拿出錢來幫助這位可憐人。只感嘆「いつから日本人は、そこまで落ちたんだ」（日本人什麼時候墮落到這種境界了）。

原來是這個樣

「たび」（旅行）的由來有數種說法。經[34]大槻文彦博士考察後，《大言海》記載其語源來自「たどる日の義」，離開家鄉「たどる日」（探索追尋的日子）簡稱為「たび」。另外一個說法是，古代、中世的旅人，例如宗教界的「遊行人」（四處遊歷弘法者）會四處流浪請求「食を給え、宿を給え」（提供我食物、提供我住宿吧），「給え」（供應）轉訛為「たべ」，又變為「たび」。我想這說法和歷史事實比較吻合。奈良時代的官道（國家修建的道路）上會沿途種植果樹，就是為了讓旅人充飢用。古代旅人如此卑微的姿態，可以用「悲しい」（悲哀、悲慘）一詞道盡。

「かなしい」語源不明。「かな」指痛心疾首的感情，在古代除了悲哀的語意外，也表示「愛すべきだ」（令人憐愛）之意。我們現今雖只用來形容悲哀情緒，不過仔細想想，「惹人憐愛卻悲哀得令人搥胸頓足」的事也包含在「かなしい」的情感內。江戶時代開始，普通人也能夠出外旅行。江戶後期享和二年（1802），

34【譯註】大槻文彦（1847—1928），明治、大正時代國語學者。

在信濃追分（今長野縣輕井澤町）發生了這起事件：

初春二月，有五名旅人從三河・碧海郡（今愛知縣高濱市）來到此地。這行人包含寡婦志な、兒子甚三郎、女兒りよ和ちよ，還有一名領路兼護衛的同鄉人源之助。五人踏上諸国巡礼（參拜各國廟宇）之旅，為參拜善光寺（位於現今「長野縣長野市」）而於信濃追分暫歇。志な來到信濃追分後，見到富麗繁榮的宿場（供應旅人歇息的小鎮；驛站），決定要留在此地落腳。她在兒子甚三郎工作的旅館裡當女傭，兩位女兒則在另外兩間旅社做[35]「食売女」。各自拿著（預支的）薪水，開始了新生活。

然而，沒過幾天，護衛兼領路人源之助卻失去蹤影。他的任務已經完成，照理要離開志な這一家，不過源之助卻假裝要與四人共同定居，侵吞了所有人的薪水後逃之夭夭。寡婦志な與甚三郎、りよ、ちよ一家四口透過驛站官員向當地單位提出申訴，事情卻不了了之。

萬不得已地志な只能將女兒りよ抵押在驛站的賣油屋中，剩餘三人決定回故鄉去。但因沒有返鄉旅費，陷入窘境。「追分」旅社的定右ヱ門得知此事，向旅社代還了一家四口的預支薪水。不僅如此，定右ヱ門甚至向驛站官員斡旋，希望讓母子四人以「宿村送」（各宿村以接力方式護送旅途間病重者等不便旅行之人至目的地的制度）的方式返鄉。「宿送」甚至還經過了善光寺，四人不花半毛旅費，回到故鄉前，還如願地參拜了寺院。

三河這村莊的庄屋（統轄村內事務者）聽聞定右ェ門此般推己及人的親切善行，也萬分感動，甚至在志な寫給定右ェ門的書信內，親筆寫了幾句以表達感激之情。

古川爺爺的感慨

定右ェ門和追分村的驛站官員，皆無比親切。定右ェ門不過是個要寄人籬下的江湖俠士，平常從事「女性介紹及派遣、信用擔保」等工作，主要擔任「食売女」的保證人。將「定右衛門」寫為「定右ェ門」不知是單純簡寫，或出於其他原因；不過她是一名俠心義骨的保證人，曾經數次出錢救助陷入困境的「食売女」。

這真是一個悲哀又令人憐愛的旅行故事。

35【譯註】江戶時期於各地驛站打雜，並從事性工作的女性。

かたぎ 訛り（なま）

原來江戸人也有「你講蝦米？」的方言障礙

江戸時代

現代日本人這樣說

「職人気質（しょくにんかたぎ）でイイ仕事（しごと）ぶりなんだけど、無口（むくち）なのが困（こま）るね。」（他有工匠精神，工作又認真可靠，可惜就是有點寡言）。

「いや、訛（なま）りと方言（ほうげん）が強（つよ）いので、あまり口（くち）を利（き）きたがらないみたいだ。」（沒有，他好像是因為方言口音太重，才不太想要開口）。

這種對話隨著電視普及，漸漸也不太常聽到了。不過如果認真看報紙，可以發現各地還是會發生各有特色的事件。不管「訛（なま）り」（口音）還是「お国気質（くにかたぎ）」（地方性格），都還存在於現代日本社會。

原來是這個樣

「お国気質」（地方性格）和「職人気質」（工匠頑固耿直的精神）中的「**かたぎ**」（某身份、職業所特有的性格、風格）來自「形木」一詞。「形木」為染布或印刷圖樣時，所使用刻有紋樣的木板，這種帶有紋樣的木板在平安時代就已出現。因使用「形木」的印染工匠有特殊的性格或習慣，所以旁人才會說「形木だからね」（因為是形木嘛）。而後「形木」以漢字標記時，則作「気質」，變成指稱「特定種類人群性格」的詞語。「**かたぎ**」似乎是在江戶前期開始寫作「気質」。浮世草子[36]的[37]「気質物」蔚為流行，如江島其磧所著《世間子息気質》等。

　至於「お国言葉」（方言用語）及「訛り」（口音），則是平安後期以來，因「関東のだみたる言葉」（關東地區特殊口音）及優雅京都方言間的差異而開始受到關注。

---

36 【譯註】江戶時代誕生的文學形式之一，著重於描述現世生活及情色風俗事蹟。

37 【譯註】描述特定身分、職業、年齡的人物共通性格的文學作品，通常以浮誇的方式表現人物性格。

「訛り」是「なまる」的名詞型態，由「生る」（鈍化）衍生而來。「なまる」等同刀劍的「ナマクラ」（鈍化），也會用在「腕がナマル」（功力衰退）。指因鍛鍊不足而技能衰弱之意。「なまり」也是指語言能力下降的意思，後來才加上代表「偽裝」、「變更原本姿態（欺瞞）」的漢字「訛」。真是選用了一個貼切的漢字。有話說「訛りは国の手形なり」（口音是故鄉的證明），方言成為了各地的特徵，令人感到五味雜陳。雖然口音感覺不會造成太大差異，不過由於江戶時代盛行江戶中心主義，到了江戶後期，人們還是深切感受到口音帶來的問題。

古川古松軒跟隨由旗本（武士身份之一）藤沢要人所領軍的隊伍，作為幕府的奥羽、蝦夷之地「巡検使」（巡見使）的一員，四處旅遊。根據其遊記《東遊雑記》，他們早在進入会津若松（位於今福島縣）城內時，就知道語言中存在各種障礙。這邊引用日本文化研究者 Herbert E. Plutschow 的現代語譯版本：「若松土着の人の言葉は理解しがたく、彼らもこちらの言ってることがさっぱりわからないと言う」（若松土著的話語實在是太難理解，他們也說完全聽不懂我們在說什麼）。

古川古松軒所跟隨的巡見使隊伍，則在距離会津若松數里外的一個村落——大内村，因「双方お互いに半分ぐらいしか言葉が理解できないため、宿でも大笑いすることばかり起こった」（雙方只聽得懂對方大概一半的話，所以旅社裡發生不少

趣事）。例如：點了茶泡飯，結果送來白開水泡飯。眾人最終只好各自到廚房找東西吃。

米沢（位於今山形縣）附近則「言葉が通じないせいか、何を言ったも返事がない」（可能是因為語言不通，不管說什麼都不回應），山形縣民採取了非常山形縣人的沉默作戰。而花立（位於今秋田縣大仙市）卻完全相反：「言葉がよくわからないまま答えているのを、みんな面白がっていた」[38]（對方（秋田縣人）搞不懂我們（古川古松軒一行人）說的話就直接回答，大家都覺得很有趣）。

江戸城與各地竟如此迥異，古松軒說：「こんなこと江戸で話しても信じてもらえないだろう」（這些事在江戶跟別人說大概也沒人相信吧）。

在猪苗代（位於今福島縣）「農民の身振り態度もわがままで無礼なものだから、たびたび叱りつけた」（農民的動作態度實在是太隨性無禮，偶爾必須要用罵的）的記載如下：

38【編註】這句話是出自於古川古松軒的《東遊雜記》，因此句中的發話者是「古川古松軒」，所以站在古川古松軒的立場來解讀的話：「秋田縣人搞不懂我們說的話，就直接回答。我們一行人都覺得很有趣。」

「人足どもは、巡検使の前で『ひざまずいているように』」と大声で言われても、裸のままの者もあれば、手をついて尻を浮かせている者もいる。家の中で足を投げ出して寝ている者までいる。人を尊んで敬うことを生まれながら知らないようだ」（大聲對那些替人運貨的馱子們說在巡見使面前「要跪好」，還是有人赤身裸體、有人插著手撅起屁股；屋內甚至有人雙腳大張的睡覺。彷彿他們出生至今都不懂得尊重他人）。

古川爺爺的吐嘈

各地區的「お国言葉」（方言用語）也各不相同。古川古松軒後來參訪了奧羽極端貧窮的地區，此處令他回想起日向（位於今宮崎縣）及大隅（位於今鹿兒島縣）的偏鄉地帶。古川古松軒因江戶城、上方（指京阪地區一帶）及鄉下的差距，感到震驚不已。江戶時代的區域發展也如此嚴重失衡，卻鮮少有人談及。

けなげ
世話する

樂善好施的托缽僧

江戸時代

現代日本人這樣說

「あまりにもケナゲなので、どうしても世話をやいてしまう。」（我這個人就是太雞婆了，遇到什麼人都想出手幫忙）。

「それは珍しい。このご時世、ケナゲな人も世話する人も少なくなった」（這還真少見。這個時代雞婆的人跟會照顧他人的人都不多了）。

雖然以上的對話乍聽沒什麼問題，不過就語源來看卻並非如此。反而該說，「**けなげ**」（可靠堅強）的人及「**世話する**」（照顧他人）的人都變多了。

原來是這個樣

「けなげ」現今表現像「けなげな妻」（可靠堅強的妻子）這種「殊勝で心がしっかりしている」（可靠且內心堅強）的意思。雖然從這個語意上，開頭的感嘆有其道理，不過「けなげ」的漢字其實寫作「健気」，指「勇敢、強健的樣子」。「健気者」意為勇敢的人、「健気立」則是假裝大膽的人。從這個意思來看，大膽強健的女性應該是越來越多的。「けなげ」的語源來自「異なり」，指「怪異的不同」、「不一樣的」事物。「けなり」後來轉變為「けなげ」，語意也變為「令人佩服的」之意。

「世話」（照顧）江戶時期以來被廣泛使用，例如：「世話になる」（受人照顧）、「世話を焼く」（照顧他人）。這個「世話」的語源是「忙しい」。甚至有「世話を病む」這樣的詞彙，形容因盡力照顧他人、不辭辛勞，最終病倒的狀況。江戶時代似乎有人「健気」的幫助他人，甚至因此病倒。話說回來，現代的福利機構也會因為勞動人手不足，出現「世話を病む」的狀況。不過，像以下這個故事照顧別人的例子，現在可是罕見的。

文化年間（1804～1818），江戶四谷的天台宗「真福寺」有位名為源坊的托鉢僧（以乞食維生的苦行僧）。源坊每天在江戶街道上步行托鉢，不過如果給他[39]四文錢的話，他會還回三文，只收下一文。武士、商家如果拜託源坊跑腿買東西等工作，他也會耿直地完成任務。而且源坊不曾懷疑他人，壞心眼的人說：「お金を貸してくれ」（借我錢），他即把財產一分不留的給對方，身上衣服也被一樣的手法騙走。其實，這位源坊是個發展遲緩兒。

四谷的商人聽說此事，只要聽到「源坊が来た」（源坊來了）就會給他錢、為他做新衣服。源坊抽光菸草時，只要跑到菸草店去，拿出煙袋說：「煙草を詰めておくれ」（幫我裝菸草），菸草店的人就會開心的將源坊的煙袋裝滿。沒有手帕時，源坊也只要一如往常跑到店裡說：「手拭をおくれ」（給我手帕），店家就會開心的提供手帕。沒有一家店想過要向源坊收取費用。

源坊雖然發展遲緩，卻因其性格而被當作高僧般敬重。整個四谷、新宿，上從武士階層，下至[40]內藤新宿（今新宿）裡的旅社女傭，都相當疼愛源坊。源坊在文化

39【譯註】江戶時期行金貨、銀貨、錢貨並行的三貨制度。錢貨（銅幣）一枚為一文。

40【編註】根據增田廣實的研究調查：現今大家所熟悉的那個「東京新宿」，便是江戶時代的「內藤新宿」。現今的「新宿御所」一帶，其實是江戶時代長野縣高遠藩藩主「內藤家」的別墅所在地，因此這裡被稱作「內藤新宿」。

五年（1808）七月的一個炎熱日子逝世。江戶人悲慟不已，由於思念源坊（げんぼう），街

道巷弄聯合起來，為源坊（げんぼう）舉辦了盛大的葬禮。

其葬禮隊伍前所未見，甚至可比高僧喪儀。連平常以「蠻橫粗魯」聞名的鳶（とび）[41]

人足也在當天身著印半纏（しるしばんてん）[42]，以複雜的表情站在隊伍前列。其後是身穿麻裃（あさかみ）[43]（按原

文標音）正裝、腰間插著菖蒲刀的民眾。再接下來是以「笛（ふえ）」、「太鼓（たいこ）」演奏音樂

的隊伍，舉著「管弦組（かんげんぐみ）」（管弦樂隊）的旗幟演奏哀切樂音。送行隊伍舉著寫有「今（いま）

仏（ぶつ）」（現世佛祖）的旗幟、花團錦簇的紙糊偶與寫著「源坊極楽入り（げんぼうごくらくいり）」（源坊往生極

樂）的花傘，在夏日晴空下行進著；夾道群眾皆哭紅了雙眼。

古川爺爺的感慨

奠儀金額無比龐大，這些錢用來購買葬儀上的橘子及和菓子後，剩下的即分撒

給現場的群眾，當作祭拜源坊（げんぼう）。這個故事由當時任職「江戶町奉行（えどまちぶぎょう）」一職的根岸鎮

衛記載於《耳囊（みみぶくろ）》之中。

おとなしい
やんちゃ

「順從安份」的人，才是合格的社會新鮮人？

江戶時代

現代日本人這樣說

我們常見到家長對吵鬧不休而帶給周遭別人困擾的孩子們大吼：「おとなしくしなさいっ」（安靜一點）這種教育方式應該是達不到效果吧？因為家長本身就與「**おとなしい**」（安分的、溫順的）相差甚遠，是位「**やんちゃんな**」（任性驕縱的）家長。

41【譯註】又稱鳶（とび）の者（もの），江戶時期的消防隊，也會從事土木工作。
42【譯註】印有家紋等標誌的短外衣。
43【譯註】江戶時期武士及庶民的禮服。

原來是這個樣

「**おとなしい**」意為「大人らしい」（像大人的），指像思維清晰、明辨是非的大人一樣行動的樣子。紫式部的《源氏物語》曾出現「今日よりは、おとなしくなり」（變得比今天更成熟吧）。由此可見，平安時期以來「おとなしくなる」即是成長的目標。

江戶的[44]寺子屋（類似「私塾」）寺塾的教育目標，也是通過習字教育讓孩子變得「おとなしい」。具體而言，寺子屋的目標是「訓練出能夠讀寫文字，不會與人打架、爭吵的成熟人格」。幕府末期光江戶市內的記錄就有一二〇〇多間規模不等的寺子屋，如果擴大為現今的東京二十三區範圍應該會有更多間。全日本則普遍認為有超過五萬間寺子屋。

鄉下農村地區的「寺子屋」如同字面上涵義：即是在寺院裡教育兒童。不過江戶及城下町（城郭周邊聚落），則會設有武士、浪人（失去主君及地位的武士）、儒學者的私塾。大約三分之一是由武家夫人執教。寺子屋不收學費，只會在入學時收取些許束脩料（入學費用），及逢年過節的謝禮而已。教師收入微薄，根本不足以此維生。不過江戶等大城市中，隨處可見有上百名學生的手習所（即寺子屋）；祖孫三代都拜師於同一位老師的例子也不少。寺子屋的課程結業後，學生會到商家工作，或成為工藝家的徒弟。當然不管是就業或入師門都必須接受測驗，測驗基準也是「大人しい」與否。

按照某位學習佛像工匠技藝的人物的回憶，他說：拜師門測驗感覺也是測試在寺子屋所學的初等教育成果，不過卻並非以寫作考試來測驗。他說：「師匠は私が玄関で脱いだ下駄を見て、きちんと揃えてあったので、それで十分、修行に耐える資格があると弟子入りを許してくれた」（師傅看到了我脫在玄關的木屐，放得整整齊齊，他就覺得沒問題了。他認定我是能夠忍受修行的人，同意收我為徒）。留下這段記憶的人物是[45]高村光雲，他後來從幕末的佛像雕刻師轉戰明治時期的雕刻界，成為東京美術學校（現今的東京藝大）的教授。其子自不必多說，是書寫《智恵子抄》的知名詩人——高村光太郎。

44【譯註】江戶時代教育庶民兒童的教育機構。除了教科書之外，也會陪養日常生活需要的閱讀、書寫、計算等能力。

45【譯註】高村光雲（１８５２—１９３４），明治、昭和期雕刻家。

英國紳士教育中也包含禮儀、品性的訓練，在讓孩子「おとなしくする」這一點上與日本不謀而合。教育就是為了讓孩子變得「おとなしい」而存在的。

某個拳擊手或某個藝人，曾經在電視上自滿的用大阪方言說：「ワシな、やんちゃやから」（我以前可是我行我素的混混喔）。實在讓觀眾無法說他們成熟像大人。「**やんちゃ**」的語源是「脂茶（やにちゃ）」，是從被樹脂黏住、不好處理的意思而來；現在指「人像孩子一樣，毫無顧慮、不辨善惡的任性模樣」。在某層面上，這些人也是正確地使用了這個詞彙，真令人咋舌！

古川爺爺的吐嘈

不過現今的世界上，從政客、官僚、公司老闆、學者開始，大家都不「**大人しい**」（穩重成熟）了。可以說大家只是在各自的職場上「玩扮家家酒」一般，隨意做「**やんちゃな**」（任性驕縱）的事。這艘由孩子們掌舵的「日本丸」，哪天沉沒了，一點也不稀奇！

ウケる

怖（こわ）い

你知道的幕府開國史可能已經歪了！

江戶幕末時代

現代日本人這樣說

某位老學究朋友如此感嘆：「最近（さいきん）の学生（がくせい）はウケることばかり考えてるけど、将来（しょうらい）を想像（そうぞう）すると怖（こわ）いぐらいだ」（現在的學生滿腦子只有搞笑，一想到他們的未來，就讓人惶恐不安）。

許多年輕人喜歡接受周邊眾人的笑聲或拍手喝采。我的教授朋友卻認為「芸（げい）能人（のうじん）志願（しがん）の学生（がくせい）を教（おし）えているわけじゃない」（我又不是在教要當藝人的學生）而為學子的未來感到擔憂。不過從語源來看，也許該說是教授才想得太膚淺……

原來是這個樣

「**ウケる**」（搞笑）這個詞，最早可以回溯到「有卦に入る」。這個詞來自於飛鳥時代隨佛教一起傳入日本的[46]陰陽道。朝廷中陰陽寮的陰陽師們，發現異象就會進行占卜，以祭祀來消災解厄，一平天下亂象。

進入平安時代後，連鄉下地方也盛行陰陽道。雖然占卜方法各有不同，不過占卜結果通常會出現「あなたは来年から有卦に入って七年間幸運が続く」（你從明年開始會好運亨通，連續七年都很幸運）之類的說詞。「有卦」這一詞彙表示運勢亨通，意指幸運。現代將「有卦にいる」簡縮並捨去漢字為「ウケる」，跟「接受」拍手喝采的「受ける」混用。

「**怖い**」現代語意為「恐ろしい」（恐怖、可怕的），就像赤飯（紅豆飯）的別稱為「オコワ」，「こわい」原本用來形容「堅硬、僵直」的意思。現代也有部分地區方言使用「こわい」形容疲累，這是取自肌肉因疲累而「動彈不得、僵硬」之意。後來加上漢字「怖」，形容因恐懼而渾身肌肉僵硬無法動彈，才演變為今天的恐怖之意。

幕末安政元年（1854）九月十八日，俄羅斯軍艦 Diana 號出現在兵庫的和田岬（今神戶市），這是首艘現身於摂津、播磨沿岸（今大阪灣）的黑船[47]。一些看熱鬧的女孩和群眾陸續聚集到和田岬岸邊。海邊的年輕人為了耍帥，大約十個人氣勢洶洶的乘上載貨船，且划近黑船。俄羅斯人出現在甲板上，笑著對這群年輕人用力招手示意，接著放下了粗繩做的梯子。這群年輕人雖然假裝很威猛，內心卻戰戰兢兢，心驚膽戰地爬上了梯子；沒想到俄羅斯人端出點心及砂糖來款待他們！聽說了這件事，女孩也紛紛自願上船。收到俄羅斯人送的銀戒及琉璃髮簪的女孩們，驚呼不斷。由此可見，俄羅斯黑船可說是「ウケにウケた」（受到歡迎）的。

這樣的友善氣氛，便在「大坂町奉行所」及[48]「大坂城代」快馬到來、諸藩皆將兵力集中到神戶及大阪之後，驟然巨變。幕府政權透過庄屋（統轄村內事務者）下達指令：「動揺してはならない。女たちは六甲山に逃げろ」（不要驚慌。讓女人們

46【譯註】起源自中國陰陽、五行思想發展而成的信仰。在六世紀經由朝鮮半島傳入日本。

47【譯註】江戶幕末的「黑船」一般用來總稱英美等先進國家塗成黑色的帆船或蒸汽船等軍艦。由於黑船攜帶先進兵器強迫日本開國，因此對於日本人來說，「黑船」是一種歐美資本主義的象徵。

48【譯註】城主不在時，代行政務、駐守城池的職員。因此「大坂城代」便是駐守大阪城，為大阪城主代行政務的人。

逃往六甲山（位於今兵庫縣神戶市北部）」。此番話硬是把當地官員嚇出一身汗，趕緊讓來工作的少女們都回到自己的故鄉去。返鄉後的雜役少女將消息傳到遠方，就變成「今度の黒船騒ぎは尋常ではない。阪神間ではことごとく家を戸締にし、泣きの涙」（這次出現的黑船非比尋常，阪神地區的居民們皆緊閉家門，大家淚流不斷）這種隨時都要爆發戰爭的傳言，這傳言讓居住在遠處的人們懼怕不已。

前一年嘉永六年（１８５３），初靠岸的[49]ペリー艦隊也在浦賀（位於今神奈川縣橫須賀市）遇到類似的狀況。山坡上看熱鬧群眾人山人海，海岸邊則有男性向黑船販賣裝箱的雞蛋。唯有乘著警備小船的武士們怒火中燒——這些不知為何出船的諸藩武士，又是暈船、明明是仲夏，[50]陣羽織底下又是全副武裝，武士們難受到了極點。不過因為是上頭的命令，也無法脫掉裝備，只好在全身爆汗的情況下，握緊佩刀。他們偶爾因為暈船而「ウップ！ゲー、ゲー」（嘔……嘔嘔嘔）。一邊半生不死地擦拭嘴巴，一邊還是做出嚴厲的表情。

古川爺爺的吐嘈

實際上「**怖がった**」（覺得害怕）黑船的只有武士，庶民都「**ウケた**」（很歡迎）。這才是日本幕府開國的真實狀況。

49【譯註】美國海軍將領貝里在西元1853年率領艦隊進入浦賀港，要求日本開國，並於次年與日本簽訂《日美和親條約》。史稱「黑船来航」。

50【譯註】作戰時，穿於鎧甲外的無袖外套。是武士出陣、查檢、宴席中所著之禮服。

芸術（げいじゅつ）

かきいれどき

どんぶり勘定（かんじょう）

へなちょこ

明治文人的「藝術」談的不是美感，而是武功？

明治時代

現代日本人這樣説

我們來做個小測驗！下列何者是從江戶時代開始使用的詞語呢？

「**かきいれどき**」（商家銷售量高、收益高的時候）、「**芸術**（げいじゅつ）」（藝術）、「**へなちょこ**」（沒用的菜雞）、「**どんぶり勘定**（かんじょう）」（不錙銖必較的性格）

正確答案是「**芸術**」（藝術）。在江戶時期「芸術」（藝術）幾乎於等同武士的特殊專長。

原來是這個樣

德川幕府偶爾會要求從旗本（武士階級之一）到与力（武士階級之一，為最基層的武士）階級的所有人交出[51]「由緒書き」（類似族譜、家譜，甚至是武家戰績、流派），其中就包含「**芸術**書上」（下級呈交給上線的武術修習履歷）。此處「**芸術**」所指的當然是弓術、劍術等武藝；所以個人在各式武術流派中的修習履歷，即為「芸術書上」。也因此到了明治時期三十年代左右，現今我們認知上的藝術，都還叫做「美術」（美術）。明治二十年（1887）年誕生了近代藝術的翻譯名詞，不過根據正岡子規的隨筆，這個翻譯名詞要再晚一點，才會普及化。

51【編註】有關於「由緒書き」是一氏族或一家族之歷史記錄，在武士政權的時代，擁有戰功的武士就能將其戰績記錄下來，並編纂成家譜；因此「由緒書き」可說是一種屬於「家的記憶」，主要功能用以記念、彰顯家族功績。對幕府政權而言，也可收集各武家之戰功記錄。

「**かきいれどき**」常被誤認為是將豐收成果「掻き入れ時」（收入囊中的時候）。不過正確的漢字是「書き入れ時」，指商人因為銷售額高，而忙著記帳的時期。這個用語在明治期之後，才普遍被使用。

「**どんぶり勘定**」也不是指在吃飯用的「どんぶり」（大碗公）裡放錢。「どんぶり」是工藝師「腹がけ」（圍裙）上的口袋。因為這個口袋會用來放錢，結帳的時候，就從「どんぶり」裡撈出錢來，這稱作「どんぶり勘定」。明治時期之後成為一般用語。

「**へなちょこ**」則是難得一見，連語源誕生地都有詳細記錄的詞彙。明治十四、十五年（1882、1883）左右，新聞記者野崎左文等數人在神田明神境內的開花亭中喝酒。當時使用的猪口（小酒杯）是畫有鬼及[52]お多福圖樣的楽焼（日本陶器的一種）。斟酒後，小酒杯發出咻咻的聲音，這種小酒杯吸收了酒液，最後還會咕嚕咕嚕地冒出泡泡，溶出小酒杯中的雜質——實在是粗製濫造的酒器啊。

眾人將這個猪口（小酒杯）命名為「へなちょこ」。「へなちょこ」裡的「へナ」指的是「泥土」，「チョコ」則是「猪口」。這件事可能被寫在報紙上，所以「へなちょこ」這個詞彙也連同寫進文章裡，而變成眾所皆知的詞語。後來「へなちょこ」這個詞彙的語意有了轉變，變成用來嘲笑「不成熟、沒有可取之處的人」。

這些明治時期才出現的詞彙，現今已被遺忘了。明治初期的[53]御雇外国人之一的「德國醫師ベルツ博士（Erwin von Baelz）」，他在日記中提到日本人「昔は野蛮でしたから」（以前非常野蠻），但他給予江戶文化的評價卻是「芸術的」（藝術性的）。明治九年（1876）ベルツ來到日本擔任東京醫學校（今東京大學醫學部前身）的教授。他不僅擔任教職，也負責重要人物的診療、回答日本政府關於醫療保健及衛生的諮詢。日本政府忠實地按照ヘルツ博士的建言，積極地建造了海水浴場、將上野的大學用地更改為公園。其實這位御雇外国人——ベルツ博士有一位日本老師，便是原本在幕府講武所（武術訓練機構）擔任劍術指導的劍客榊原健吉。

另外明治十年（1877）來到日本工部大學校（今東京大學工學部前身）執教的英國人「ジョサイア・コンドル（Josiah Conder）」，其弟子包含設計日本銀行的辰野金吾等出類拔萃的優秀人物。這位コンドル也有一位老師，即是舊[54]譜代大名古河藩（位於今茨城縣古河市）土井家的家臣——畫家河鍋暁斎。

52【譯註】日本傳統面具圖樣。特徵是小鼻、圓頰、高額的女性面容。

53【譯註】日本政府於幕末至明治時期，因維新政策受政府聘用的外國人。

54【譯註】相對於「外樣大名」，指數代都追隨同一位主君的大名。在江戶時期尤指德川家康以三河為根據地時，就已追隨德川氏的武士。

古川爺爺的吐嘈

因維新政府是個「へなちょこ」，暁斎在明治三年（1870）年因誹謗政府罪，遭到拘禁三個月。自從コンドル來日本之後，政府應該嚇歪了腰了吧？因為維新政府沒想到暁斎居然是被御雇外国人們尊為「日本第一」的畫家。

在明治時期的御雇外国人的月薪比月領八百圓的[55]太政大臣還高，這似乎是維新政府為了文明開化而「どんぶり勘定」（不計成本）的緣故。之後，日本政府在每隔十年爆發一次的戰爭中，尋找「書き入れ時」（發財富裕）的契機。

下駄(げた)を預(あず)ける
仁義(じんぎ)を切(き)る

原來江戶的黑道這麼靠譜！

明治時代

現代日本人這樣說

在職場上發生失誤，表情凝重正準備遞出辭呈時，上司說：「まぁ、待(ま)て。そこまで深刻(しんこく)になるな。ここは一(ひと)つ、俺(おれ)に下駄(げた)を預(あず)けろ。適当(てきとう)に部長(ぶちょう)たちに仁(じん)義(ぎ)を切(き)っておくから心配(しんぱい)するな」（啊等等。應該不用到這麼嚴重吧。你就先交給我吧！我會跟部長好好解釋的，不用擔心）。雖然不知道有多少上司如此可靠，不過以前確實有這麼一位上司。雖然平常都一副事不關己的樣子，一旦發生

55【譯註】日本律令制度與明治時期太政官制體系中的最高職位。

狀況就會與公司高層斡旋，勇敢可靠地為下屬解決事端。明明只是課長等級，人脈卻極廣。

原來是這個樣

為何「**下駄を預ける**」表示「將事務交給他人」呢？這是來自從前「的屋」（經營射靶遊戲的小攤販）的用語。「テキヤ」指四處兜售可疑商品的商人，又稱為「香具師」。因為他們到處尋找可以讓他們大撈一筆的「的」（標靶、目標），所以取其「的を狙う屋」（瞄準下手目標的商人）之意，稱其為「的屋」。另有一說是取「香具師」的首音「ヤ」與「的」（標靶）組合起來，稱作「ヤテキ」，再將語序調換做為商標名，因此稱作「テキヤ」。

不論如何，「下駄を預ける」都不是源自什麼正當行業。這些商家簡稱下足（脫下的鞋履）為「ゲソ」，詢問「ゲソはどこだ」（你的鞋子在哪裡）則是意指「親分はどこだ」（你的老大是誰）。由於テキヤ會將「下駄」（木屐）寄放在老大家中，因此誕生「下駄を預ける」一詞。在外行動不能沒有木屐，因此將木屐寄放於老大

家裡，就表示將自己的行為及權限全數交給老大掌控。

テキヤ的用語「下駄を預ける」（交託），不知不覺間成為大眾普遍使用的詞語。現在不管是大企業員工、官僚政客以至大學教授都會說出「下駄を預ける」這個來自於「テキヤ」的黑話。還有這個用語沒有被收錄在前田勇編纂的《江戸語辞典》中，而出現在楳垣実的《隠語辞典》一書裡，其中包含「ゲソ」在內的詞彙，都是明治時代的暗語。

另外一個詞彙——「**仁義を切る**」（向相關人士打招呼）也是起源於黑道的暗語，原指賭徒初見面的打招呼動作。招呼內容大概是「お控えなすって、手前、生国と発しまするは……」（向您致意，吾乃是來自……）。江湖人士希望向老大乞求一宿一食的時候，也會跨入老大家中門檻後說：「敷居うちを御免ください。敷居うちをご面こうむります。」（冒昧來訪，請允許我進門），接著往屋內走三步半，再後退一步。此禮儀繁複且嚴格，只要姿勢和用語一有不對，就可能當場被斬殺。

這樣的招呼方式即為「仁義を切る」。然而，所謂「仁義」是儒家最高尚的品德，其原意上[56]「仁は慈しみと博愛、儀は人間が行なう道筋」（「仁」即是慈祥博愛、

56 【譯註】原文中「儀」應是「義」之別字。

「義」即是人該走的正道）。篤守仁義跟黑道風格不太相符，而且將最高尚的「仁義」給「切る」（切掉）也似乎不太合理。

其實這也意謂著這個詞彙在演進的過程中，人們將「打招呼禮儀」的「辞義」（打招呼）、「時宜」（問候），與「指稱長幼有序」的「順義」（順從道義）搞混而變成「じんぎ」，最後再加上漢字，稱作「仁義」。「仁義」本身應該只帶有「業界作法で礼儀正しく挨拶する」（以業界規範的禮節，有禮貌地打招呼）之意。之所以用「仁義」這個漢字來表示，應該是在江戶末期，儒學已經是老生常談的背景下，故意從儒學挪用而來的賭徒暗語。

古川爺爺的吐嘈

無論如何，社會上許多表達「可靠」的用語，都來自江湖俠客的世界。這些詞語便訴說了俠客們過去解決了世界上多少的疑難雜症。

第四章

日本人的智慧

ハンコ 捺印（なついん）

爲什麼戲稱日本爲「印章社會」？

奈良時代

現代日本人這樣說

到公家機關遇到成堆文件，使人厭煩，而且事情總無法一次辦妥，這時候會被對方說：「はい。こことここに判を押して、もう一度書き直して持って来て下さい」（就請在這裡跟這裡蓋印章，重新寫好之後，再帶過來）。其實不只公家機關，在日本，文件總是蓋滿印章。有人稱日本是「**ハンコ**社会」（印章社會），卻沒有多少人思考過：「為何要蓋章？」也有人抗議「どうして欧米のようにサインではいけないのだ」（為什麼不能像歐美國家一樣用簽名就好？）。可是，在日本「簽名」可不管用，必須「蓋印章」才行！至少從印章的語源來看是如此。

原來是這個樣

日本在奈良時期成為「ハンコ社会（しゃかい）」。因大宝（たいほう）元年（701）實施的《大宝律（たいほうりつ）令（りょう）》，政府開始使用大量文件。「律令（りつりょう）」的「律（りつ）」指刑法、「令（りょう）」則是行政法。這個《大宝律令（たいほうりつりょう）》不只立定了日本的國名，也同時催生出日本這個「ハンコ社会（しゃかい）」（印章社會）——因為《大宝律令（たいほうりつりょう）》規定文件上必須要用印。**捺印（なついん）**（蓋印章）的「捺」發音採用音讀中的吳音，指「按壓」。「印（いん）」也是直接沿用中國傳來的發音，為「印章、記號」之意。

律令國家中，會將中央發佈的命令及各地報告分別整理為文件。為防止內容遭到竄改，即會使用印章。從語源來看就可以瞭解，日文稱印章為「判子（はんこ）」或「判（はん）」。漢字「判」念作「ハン」，像「判別（はんべつ）」、「判決（はんけつ）」、「判斷（はんだん）」一樣，指「辨別」、「區別」之意。要防止文件被偷偷加筆或刪改，只需在文件表面加上唯讀保護。如此一來文件便無法被改動。

基於這個想法，人們在文件內蓋上許多印章。墨水寫的黑色文字上蓋上紅色印章後，如果有人想要進行更動，墨水就會壓過紅印。而若想擦掉文字改寫，紅色印章也會一起被磨掉。不管怎麼刪改，閱讀者都能馬上判別、分辨出其痕跡。此即稱印章為「判」的理由。

因此，為防止文件遭竄改，當初會在所有寫上文字的部分全部押上印章。文件上滿滿都蓋有紅色印章。印璽的大小也非同尋常。天皇玉璽大約為 9 平方公分。壓印在文字上的是比菸盒還要大的正方形。古代印章字體纖細，即是為了讓閱讀者看清底下的文字。

太政官（最高行政長官，相當於中國的宰相）的印璽為7.5平方公分、各領地的印章則是 6 平方公分。最初會費心在文件上蓋滿印章，到了平安時代，就只需要蓋文件最重要的三個位置即可。進入武士時代後，人們會將名字寫成草書刻印稱作「**花押**」，印章成為文件發佈者的署名方式。戰國時代織田信長有「天下布武」（以武力一統天下）的印璽、小田原北条氏則使用「虎」的印璽。

古川爺爺的吐嘈

從歷史上來看，ハンコ社会可追溯至古代的律令時代，並且是意圖統領國家的

大和魂（やまとだましい）

懂得「臨機應變」才是正港有大和魂的人！

平安時代

現代日本人這樣說

「やまとだましい」（大和魂，有日本精神的人）是個令人感到不可思議的詞。

原來是這個樣

為什麼漢字寫作「**大和魂**」發音為「ヤマトダマシイ」呢？才疏學淺的我並不清楚。「魂」原本念作「タマシヒ」，指內心之意。

早在平安時代，紫式部（むらさきしきぶ）就在《源氏物語（げんじものがたり）》寫道：[1]「才（ざえ）を本（もと）としてこそ、やまとたましひの世に用ひらるる方も」（人還是得致力於學問，其才能（大和魂）方為世人所器重）。相對於來自當時先進國中國的「漢才」，「やまとたましひ」（按原文音讀）指日本人原有的智慧、才華與思維清晰的能力。

拿到現代來看，相對於西方科學的學問知識，原本的大和魂應該指「日本人在實務、生活上的智慧及能力」。我們先來看實際例子吧！平安時代的左大臣（約等同行政院長）藤原時平，他之所以有名並不是因其才學知識，而是他「大和魂がある」（擁有實務處理能力）。

當時為醍醐天皇左大臣的藤原時平（相當於現今日本的內閣總理大臣），制定了《奢侈禁止令》（禁奢令），於是他率先身穿樸素的服裝參朝，其他[2]殿上人卻將《奢侈禁止令》（禁奢令）當耳邊風，依舊身著華服。時平靈機一動，故意穿著更美麗奢華的服飾參朝。醍醐天皇眼見此狀，馬上怒氣衝天地下令：「奢侈禁止令が出ておるのに、最高地位にある左大臣とて、美麗を尽くした衣服で参内するとは、

1 【譯註】原句為「なほ才を本としてこそ、やまとたましひの世に用ひらるる方も強う侍らめ」，出自《源氏物語》第二十一帖「少女」。此處引用之譯文為林文月所譯。又、根據《世界大百科事典第二版》，可讀成「やまとだましい」。

2 【譯註】平安時代四位、五位（及部分六位官員）的朝臣中，被允許登上宮中「清涼殿」者。

もってのほか。すぐに時平に退出するように申し伝えよ」（明明執行了禁奢令，官階最高的左大臣卻穿這種極盡華美的衣服來參朝，太不像話了。馬上讓時平退下）。

時平聽了這番話，害怕得顫慄不斷，悄悄退朝後，自主在家關緊閉一個月。其他目睹此景的殿上人也恐懼萬分，開始乖乖遵守《奢侈禁止令》（禁奢令）。當然，此事件其實是醍醐天皇與藤原時平私下設計好的賭局。時平這樣的機靈、智慧、精明及才華正是「大和魂」的展現。

而不具備「大和魂」的例子，可見《今昔物語》中的明法博士「清原善澄」。明法博士為在[3]大学（中央官學）教授學生「律令」（法律）及格式（細則）的博士，可以說清原善澄以學識（漢才）豐富聞名，但他卻完全沒有「大和魂」。

某天深夜，清原善澄家中遭盜賊闖入。善澄博士被破門而入的聲響吵醒，匆匆躲到地板下。盜賊喜見房內無人，開始翻箱倒櫃，善澄博士則在地板下窺視盜賊。劫光屋內後，盜賊便離開了。房內回歸平靜，清原善澄從地板下爬出環顧被洗劫一空、混亂不堪的房間。

善澄見此勃然大怒的衝出家門，怒視黑暗中揚長而去的盜賊背影。他向對方大罵：「お前たちの顔を見たぞ！夜が明けたら検非違使に全員捕まえさせるからな！」（我看到你們的臉了！明天一早我就要叫警察將你們一網打盡）。盜賊聽到了清原善澄的罵聲，驚愕得停下腳步，回頭查看。他們緊接著大喊：「殺ってしまえ！」（殺了你！），並轉身狠毒地襲擊、殺害了清原善澄。《今昔物語》中描述完此則故事後，做出以下結論：「善澄は学才は大いにあるが、大和魂がないから、こんな幼稚なことを言って殺された」（善澄雖學識豐富，卻不具備實務上的靈機應變，才會說出這麼幼稚的發言，慘遭殺害）。

古川爺爺的吐嘈

今天通用的「大和魂」（日本精神，指為日本奉獻犧牲以發揚祖國的精神）是幕末以來被誤用的語意。正因人們都搞錯了「大和魂」的意義，日本近代史才會在冗長的戰爭後，以敗戰收尾。

---

3 【譯註】指「大学寮」，律令制度下以教授貴族子弟為主的教育機構。大学寮畢業者能夠接受國家的考試，就任官職。

合点（がってん）

鎌倉時代

13世紀的日本就有「多數決民主」？

現代日本人這樣說

時代劇中常能見到類似使者的乖順小嘍囉說：「合点（がってん）、承知（しょうち）の助（すけ）だ」（瞭解，我知道了）。說完後，小嘍囉就飛奔離開。

「合点（がってん）がいく」指的是「理解」、「認同」，不過現在年輕人幾乎不說了。只有還活在上個世代的ＮＨＫ節目才會頻繁使用。

原來是這個樣

「**合点（がってん）**」一詞可以追溯到鎌倉時代。其起源為公家官員收到文件後，會在右上角畫帶鉤的短線記號，表示已知悉文件內容。

這個記號最初來自評論「和歌」或[4]「連歌」（和歌形式之一）時，為好作品加上的標記。《古今著聞集》中有收錄以編纂《新古今和歌集》及《小倉百人一首》聞名的藤原定家的軼聞：[5]「定家朝臣のもとに点をつけてもらいにいかせたら、定家が合点してくれて。褒美の言葉まで書きつけてくださった」（將歌拿去讓定家朝臣評判，定家給了合点，甚至還寫了讚賞的評語）。

由此可知挑出好作品，在上面畫上帶鉤的記號稱為「合点」。現代考生將「合点」這個日文詞彙誤認為「合格点」（合格分數）的簡稱，好像也沒什麼錯。

南北朝時代弘和四年（1384），高野山上舉辦會議討論某莊園裡的莊官（受領主委任管理莊園者）的罷免問題。這場會議中進行了「合点」（投票）。不管高野山怎麼下命令，這位有問題的莊官（莊園管理員）就是不願納年貢。因此會議上採

4　【譯註】文學形式之一，最初由相互唱和短歌的上句與下句而成（短連歌），依時代演進產生出不同變化。

5　【譯註】此段落出自《古今著聞集》和歌第六，描述土御門院（土御門天皇）第一次創作的百首歌受到朝臣家隆、定家的好評。

用全員都能接受的「合点（がってん）」方式，決議是否要罷免這位莊園管理員。首先製作全員向神明起誓的「起請文（きしょうもん）」（建立約定時向神立誓的文書），並在空白處寫上下列詢問項目：

（1）罷免該莊官。

（2）不罷免莊官（しょうかん），但催繳年貢。

會議參與者全體依序填寫這張帶有「起請文（きしょうもん）」的二選一問卷，各自在贊成的選項中，畫下記號——贊成罷免莊官者在「罷免」選項右方畫上帶鉤的線條，反對者則在「不罷免」右方畫上帶鉤的線條。這個線段即是前面討論到，評選「和歌（わか）」或「連歌（れんが）」佳作時所做的「合点（がってん）」記號。

全體六十四名會議參與者在這個包含了起請文的問卷上，畫了「合点（がってん）」記號後，結果有四十一個人決定「罷免」，則有二十三個人選擇「不罷免」；以「四十一」對「二十三」決定罷免這個莊園管理員了。按照這投票方式所做出的決定，因加入了起請文，所以絕對不能反悔，也不會有人有異議。畢竟這是全員以「合点（がってん）」多數決後的結果，所以「**合点（がってん）がいく**」（可以接受、認可）。

「合点（がってん）」一詞可以說保存了日本多數決的起源。「合点」變成「がってん」，到了江戶時代則略稱為「がてん」，語意上也加入了「清楚知道事情脈絡」、「理解情況」或「有所覺悟」之意。另外也可以加上否定語尾，變成「**がてんがいかない**」（無法接受）。

古川爺爺的吐嘈

時代劇中的「<ruby>合点<rt>がってん</rt></ruby>、<ruby>承知<rt>しょうち</rt></ruby>の<ruby>助<rt>すけ</rt></ruby>だ」（瞭解，我知道了），大多是指「<ruby>早合点<rt>はやがてん</rt></ruby>」。「<ruby>早合点<rt>はやがてん</rt></ruby>」指還沒瞭解事情，就囫圇吞棗、隨便同意的意思。話說連「がってんだ」的語源也不清楚，就使用這個詞的現代人，大概是最「<ruby>早合点<rt>はやがてん</rt></ruby>」的吧？

鎌倉時代

悪口（わるぐち）

指切り（ゆびき）げんまん

「破口大罵」也是攻擊敵人的戰術之一？

現代日本人這樣說

越來越少家長教小孩「悪口（わるぐち）を言（い）ってはいけません」（不可以罵髒話）——因為家長本身在家中也滿口髒話，根本無法管控小孩。不過父母親這種教育孩子的行為，在鎌倉時代可是會丟掉小命的。

原來是這個様

「**悪口**」（惡言、謾罵）到江戶初期為止都不帶濁音的念作「わるくち」。其中「わるし」是從「よろし」（好的）的反義詞「わろし」（壞的）轉音而來。佛教十誡之一「**悪口**」也念作「あくぐち」，大概在戰國時代末期，人們將「わるし」（壞的）與「くち」（口）結合起來，簡化為「わるくち」。

「悪口」是武士的戰鬥技能之一。「源平合戦」的時候，就曾進行互罵交流作為對戰的前哨戰。這是為了壓制、威嚇敵人，以宣示己方的正當性。源平合戦之中，雙方在[6]「屋島」一役，也以制霸海面的平氏的悪口作為開端。平盛嗣大聲對源義経罵道：

「こがね商人の子分！」（愛錢商人的走狗！）

「奥州へ落ち延びた子わっぱ！」（落荒逃到奧州去的小鬼！）

當時平氏已在京都成為了貴族，平盛嗣才會口出此惡言。而源氏這一方則由伊勢

---

6 【譯註】屋島位於四國香川縣高松市。這場屋島之戰（屋島の戦い）為源平之戰的戰役之一，在《平家物語》中有詳細記載。

三郎義盛奮力回嗆平盛嗣：「北陸道をさまよい、物乞いをして、泣く泣く京へのぼったくせにッ！」（你明明在是北陸道晃蕩、到處乞討，才邊哭邊跑到京都來的！）「うるさい、山賊！」（吵死了！山賊！）平盛嗣麼一回應，源氏這邊卻沉默了。

雖然感覺上像小孩子吵架，但粗魯笨拙的東國源氏軍團卻無話反駁。瞭解到情勢對己方（源氏）不利的金子十郎家忠，丟下一句「無駄な殿たちの雑言だよ」（都是將軍們無趣的廢話罷了）。其弟那須与一緊接著拉緊強弩，放出咻咻作響的鏑矢（響箭）。鏑矢（響箭）的聲音不僅是戰爭開始的信號，也將要殺生之意傳達給神明。

鎌倉幕府將口出惡言入罪，不過京都公家的法律中卻不含此項。[7]北条泰時制定的武家規範《御成敗式目》，第十二條即為「**悪口の罪**」（謾罵之罪）。「輕微謾罵」處拘禁、「嚴重謾罵」則處流放。當然，在法庭內口出惡言的話，連該贏的訴訟，也會慘敗。粗鄙的鎌倉武士們，並不是因為京都公家的伶牙俐齒，才決定懲戒謾罵者。《御成敗式目》第十二條有提到：「闘殺のもと悪口より起こる」（鬥殺之因，皆源於謾罵）。此項規範是為了阻止武家動不動就決鬥相殺的習慣。

戰國時期，各地大名皆以《御成敗式目》為基礎，制定了各自的法令；其中包含禁止只選用良幣的[8]「選銭禁止令」。觸犯此法的懲罰男女不同，女性與孩童必須「**指を切る**」（切手指）。

「**指切り**」（切手指）的懲罰大概太讓人印象深刻，至今在做約定的時候，我們還是會勾小指說「**指切りげんまん**」。一般在說明這個舉動時，只會說「約束の印に指をからめる」（勾指頭是約定的象徵），但沒有解釋到「指切りげんまん」的「げんまん」是什麼？「げんまん」的漢字為「拳万」，是「拳骨万回」（用拳頭打一萬次）的略稱，這也是一種讓人被打到殘破不堪的刑罰。這個「指切りげんまん」恐怕是中世的遙遠刑罰，被代代傳承、作為記憶殘留下來了吧！孩子們對世態可是相當敏感的。

7【譯註】北条泰時（1183—1242），鎌倉前期武將，制定法典《御成敗式目》以確立武家政權。

8【譯註】此處應為「撰銭令」。室町時代前後使用從中國傳來的宋錢及明錢當作貨幣，不過隨著貨幣流通率增加，市面上開始出現劣質的私鑄貨幣。由於私鑄貨幣所含金屬量較少，會影響貨幣價值，因此室町時代幕府及大名多次發出撰銭令，以阻止民眾私藏良幣，只讓貨幣在市面上流通。

古川爺爺的吐嘈

江戶時代的遊女與愛人立誓約時也會「指切り」（切手指），這也是遊女自己對自己下的刑罰，她們藉由肉體的缺損來表現自己有心慕之人。對於向大眾販賣身心的遊女而言，擁有戀人即是犯罪的吧？日本黑道截斷小指，也是種犯罪的證明！

水掛け論（みずかけろん）

内緒話（ないしょばなし）

江戸喜歡私下說悄悄話，是爲了省錢？

江戸時代

現代日本人這樣說

出事的時候，人們往往會爭辯彼此責任：

「お前（まえ）のせいだ」（是你的問題吧？）

「いやあんたが悪（わる）い」（沒有，錯的是你）

「さっき、そう言（い）った！」（你剛剛明明這樣說！）

「いや、言（い）わない」（我才沒說！）

這樣的爭論在日文中叫「**水掛け論**（みずかけろん）」（各說各話、沒完沒了的爭論）。

此時會出現一個看起來明辨事理的人出面仲裁：「水掛け論をしても仕方がないので、ここは一つ、内緒にするから、お互いに何があったのかを正直に教えてくれないか。悪いようにはしないから」（你們這樣各說各話不是辦法，讓我來吧！可以老實地告訴我，你們實際上到底發生了什麼事嗎？我會保密，不會害你的）。

原來是這個樣

日本人恨透「**水掛け論**」（各說各話、沒完沒了的爭論），喜歡「**内緒**」（保密）。這其實是江戶時代農村開始的傳統。「**水掛け論**」指雙方互相堅持自己的論點，爭吵不休。有人認為其語源來自人們在爭吵間，對對方火熱的意見互相潑冷水之意，不過這個詞彙是由實際「**水を掛け合う**」（互相潑水）的動作而來。

烈日之下，農民會為了多引一些水到自己的農田，而發生「水争い」（水權糾紛）。發生「水争い」的雙方會互相潑灑田水，大吵一架。因為對雙方而言，這都是攸關生死的問題，沒有人願意讓步，因此爭論永遠無法休止。這個「水掛け論」

不是個容易解決的問題，農民自己也很清楚，因此有些人甚至會準備引用水的來源、過往如何使用引用水等文件，一狀告上官衙。

如果這場訴訟是位於幕府直轄的領地，則會由代官（江戸時期支配幕府領地的地方官）受理。如果代官也無法裁決，而導致無法阻止民眾因訴訟怠忽農務，甚至要跑到江戸上訴的狀況，代官會請能幹的手代（代官的下屬）以村莊間「談合」（談和）的方式「内済」（和解）處理。手代（代官的下屬）會聚集周邊村落的[9]「名主」（關西地方則為「庄屋」）等村內官員，尋求和解。如果村落間也無法談攏，上訴到江戸幕府，可是耗資不斐。

關東地方曾有這樣的例子。當時「名主」（地方官員職稱）、當地地方官員等相關人士都到了江戸，花費一年多才等到判決。期間包含住宿費，花費約為二四一兩多。一兩最少可換算為八萬到十萬日圓，也就是說，這起上訴到江戸的訴訟案，總共花費了二千萬日圓左右。

這些花費算為村內公務費，必須由村內每一家平分負擔。這可比水權糾紛更痛苦。江戸時代一個村約有八十戶，因此每一戶都必須負擔二、三兩，也就是約二十五

9 【譯註】即「庄屋」（關西多稱作「庄屋」，關東則慣稱「名主」）。

萬日圓。這筆費用可以抵消掉一家整年的收入。

因此代官會假裝不知道這些村內紛爭，讓村內官員私下仲裁和解，討論出互相都能接受的用水方式。村落間談妥後，會將其內容以文字記下，放在名主等人的家中保管。因為不經公判，由村子內部決議寫下証明，這就稱作「**内証**」。

[10]「内証」最初來自佛典，江戶・元祿時代的[11]井原西鶴曾用過「世間内証」、「内証の金子」等詞語。發音「ナイショ」漢字可寫為「内所」、「内処」、甚至是「内証」，現今則寫作「内緒」。

古川爺爺的吐嘈

日本社會不盛行激烈爭論，而偏好「**内緒話**」（悄悄話）的原因，也許這正好來自於「偏愛私下處理用水糾紛的江戶時代農村文化」。

10【譯註】「內證」在佛語中指自己內心的徹悟，或所徹悟的真理。

11【譯註】井原西鶴（1642—1693），江戶時代浮世草子、人形淨琉璃作家。著有《好色一代男》等名作。

たかを括(くく)る
たかが知(し)れてる

商業日文「生産高(せいさんだか)」的「高」原來是這個意思！

江戸時代

現代日本人這樣說

「やることは、たかが知(し)れてる、とたかを括(くく)っていたら、それがトンデもないことになってさ」（我原本大略估計事情的難度沒有那麼複雜，才發現實際上超級麻煩）。常有人如此抱怨，不過如果問他：「**たかが知(し)れてる**」（形容事物程度有限）、「**たかを括(くく)る**」（概估）的「たか」指什麼？發話者大多也是困惑不解。這種人簡直就像江戸時代不去巡視領地的笨蛋武士。

原來是這個樣

「高を括る」、**「高が知れてる」**的**「高」**，指江戶時代武士的「祿高」（俸祿）。**「高を括る」**一詞則來自檢查農地決定「年貢高」（一年田賦繳納量）的行為。據說江戶人民如果不持有收穫超過十石的田地，是無法生存的。如果所持有的農田為「幕府領／天領」（隸屬幕府的土地），則稅制為「五公五民」，那麼收穫量的一半即為「年貢」，剩下一半為「農民收入」，以支撐全家人整年生計。

「高を括る」即指決定「農田收成量」與「一年田賦繳納量」的行為。計算方式十分簡陋：在農地的四個角落插上木棍，中間以繩連接，用繩長計算農地面積；面積算出後，再加入農地位置的變因，比如農地易受洪水侵擾、陽光不足導致稻米生長差等，即大致訂定收成量。想當然爾，收成量一高，農民就要多納稅，所以在當時的一般認知上，全村會聯合起來賄賂計算農作物收成量的官員，讓他少估算一點。

除了賄賂外，農民為了減輕稅收負擔，也會設法一年二穫，或將心力放在稅收比例較低的旱田作物上。這些手段漸漸讓概算出的收穫量與實際狀況越差越多，因此**「高を括る」**也演變為「想得太簡單」、「看輕」、「輕視貶低」的意思。這個詞彙的語意變遷中，暗藏了農民的努力、智慧及用心。

「**高を括る**」的領主認為，藉由家臣去計算農作物收成量，就能夠「農民など高が知れてる」（知道這些農民的生產能力到哪裡）。因此「高が知れてる」意指「瞭解程度與極限」、「知道對方最努力能做到如何」。然而，農民苦心竭力地壓低年貢、到寺子屋上學、認真念書，堅韌不拔地把自己變得越來越強大。最後甚至有農民成為一名「監督散漫領主是否過度浪費」的會計負責人。

江戶時期的武家雖是以俸祿決定地位，不過由於他們輕視收入與金錢，因此「**高**」（金額、數量、程度）隱含「沒什麼意義和價值，是不成問題的小事」的意味。因此日語中常見到「高が百円の品」（只值一百日圓的東西）、「高が子供が言うことだ」（只是小孩子在吵的事）、「殴られても、高が死ぬほどのことはあるまい」（就算挨打也沒慘到會死人）這種「**高々**」（形容程度不值一提）的用法。

古川爺爺的吐嘈

武士們雖然如此鄙視語源來自「禄高」（俸祿）的「高」，不過江戶末期武家窮

困潦倒，「たかが高、されど高」（雖然就只是錢、不過也是錢。用以形容錢非珍寶卻也非常重要）成為最迫切的問題。現代人也會因為「高が金」（只是一點小錢）、「高が子供の言うこと」（只是小孩子在吵的事情）而導致殺人或自殺事件。

ありがとう
すみません

爲什麼現代日本人向人愛說「すみません」呢？

江戸時代

現代日本人這樣說

最近似乎不常聽到「**ありがとう**」（謝謝）了，人們什麼事都說「**すみません**」（不好意思，也可以用於道謝）。兩者看似相近，卻有很大的差異。

原來是這個樣

「**ありがとう**」來自平安時代以來的「有り難し」，指「不太常有」、「世上少見」的意思。世上最少見的事情，當然就是神佛的神蹟。這個詞本來是出現奇蹟時，在神佛前面跪拜時使用的謝詞。人與人之間的感謝則使用「かたじけなし」這個詞，指「恐れ多い、もったいない」（萬分惶恐、太浪費了）這種蘊含「感謝及惶恐」之意的詞語。一直到江戶時期，人與人之間才開始使用「ありがとう」，以此深深感激對方「為自己做了世間少見的事」。

「**すみません**」則來自「心が乱れて澄まない」（內心混亂不安寧）中「澄まない」（內心不安）的敬語表現。室町時代左右「心が澄む」（心無雜念）、「澄まない」這種用法，開始普及了起來。

到了江戶時期，「澄まない」被用來表現「弁解しても心が澄まない／気持ちがスッキリしない」（再怎麼辯解內心也不暢快），而後語意轉變為「お礼を言ったぐらいでは、気持ちがスッキリしない」（怎麼道謝也心中不暢快）的意思。江戶時代的人們對罕見行為表達謝意時，會使用「**ありがとう**」一詞，使用「**すみません**」的頻率也變多了。

歷史上來看，江戶時代是世上稀有的行為頻繁出現，也是讓許多人「即使道了謝，心中也無法暢快」的時代。江戶前期至中期，福岡黑田藩的儒者貝原益軒在前往江戶時寫的《あづま路の記》（吾妻路之記）中，就有記錄東海道吉原宿（位於今靜岡縣富士市）附近今泉村一位大地主五郎右衛門的事蹟。

某日，五郎右衛門家中遭竊，小偷從倉庫偷走了米，幸而家中的人發現，緊追上去。小偷將偷來的米丟下逃跑，可是五郎右衛門見到其偷盜的米量甚少，猛然察覺小偷只偷了足夠自己解飢的份量。因此他決定將米送給小偷。在室町、戰國時代的法律中，就算是因為孩子挨餓而行竊，這種行為也會遭受滅門懲罰的。五郎右衛門真的是「有り難い」（世上罕見）的人物。

不僅如此，當今泉村及周邊地區受到海嘯侵襲，缺乏食鹽，五郎右衛門就到關西地區購買了大量食鹽，請家中人分賣給周邊的村落。由於費用可以後付，許多人購買了食鹽。然而，過了很久也沒人來收錢，村民皆百思不得其解。其實，五郎右衛門是想偷偷分送食鹽，才出此計策。

江戶時期出現許多這樣「有り難い」、世間稀有的人物，讓人們心懷感激。五郎右衛門的善行，也傳到幕府耳中，其家族因此而受到「永代年貢免除」（世世代代免繳納年貢）的待遇。幕府大概也覺得不做點什麼，心中會感到「スマナイ」（內心不暢快）吧！

古川爺爺的吐嘈

比起罕見貴人輩出的江戶時代，現代人的生活方式總讓人覺得內心鬱悶不暢快。

也許是因為如此，現代人才常說「スミマセン」（不好意思）吧？

老舗（しにせ）暖簾（のれん）

江戸百年老店要靠「招贅」，店招牌才得以傳承？

江戸時代

現代日本人這樣說

看電視時嚇了一跳，某個低成本節目的旁白說：「この店（みせ）の名物（めいぶつ）は、トロリとしたアイスクリーム。昭和三十年創業（しょうわさんじゅうねんそうぎょう）の老舗（しにせ）で、今（いま）も二代目（にだいめ）のご主人（しゅじん）が創業（そうぎょう）時（じ）の味（あじ）にこだわって頑固（がんこ）に暖簾（のれん）を守（まも）っています」（本店的招牌是口感順滑的冰淇淋。這間老店創業於昭和三十年，第二代當家現今仍堅持創業時的風味、固守著家業）。創業六十年不到根本不能稱作「**老舗**（しにせ）」（百年老店）嘛……，而且由兒子來繼承家業，這家店的招牌也不見得值得信任。這段電視節目的旁白，可謂是「濫用百年老店的名號」。

原來是這個樣

江戶時期對於「老舖」（百年老店）的要求甚嚴。「老舖」的語源原本就是「親（おや）の為（仕（し））に似（に）せ」（模仿父母的事業）之意，指承襲父祖輩傳下的家業及傳統。江戶的商人及創業者、中興者，會留下家訓或遺訓，而歷代店主為了確保後代的幸福安泰，會嚴格遵循祖先的家訓。因此出現了「主人は先祖の手代なり」（店主是祖先的僕役）這種[12]「川柳（せんりゅう）」——形容店主必須恪守家訓。

如果出現無法恪守家訓的笨蛋繼承人，按規定則會「当人を隠居（いんきょ）させ、本家（ほんけ）から扶持（ふち）（生活費（せいかつひ））と小遣いを五両（ごりょう）程度（てい）毎年与え申すべく候（そうろう）」（令該人隱居，由本家每年給予五兩左右的生活費及零用錢）。意即：如果當家兒子是笨蛋，就不會再讓他參與營運買賣。就算是嫡傳子，也有因資質愚鈍而被軟禁或逐出家門、斷絕關係的例子。

那該由誰來繼承呢？名店會長期培養許多「手代（てだい）」（伙計），從中將挑選出優秀者作為女婿，傳承「のれん」（暖簾。指店鋪名聲及傳統。；店招牌）。可以說，「老舖（しにせ）」（百年老店）是由「童養婿」來守護。江戶時代傳承至今，有長達數百年歷史的老店，例如：三井、高島屋、住友等，可以說皆是因菁英女婿才得以傳承。這也是江戶時代商業營運不可不知的秘訣。

我查了一下三井的大阪分家，五十一次繼承中，只有十二次是傳給親兒子，其他約八成左右皆是傳承給養子。父傳子的比例只有略多於二成。位於東京江戶城的店也是如此。日本橋馬喰町的さる「紙問屋」（紙製品的中盤商）的家主規定：「当家に男子出生いたすも、別家または養子に遣わすべし。男子相続は後代まで永く永く禁止し、当家相続は養子に限ることを、堅く定めおき候」（即使主家生出男兒，也必須將他當作分家或養子。本鋪世世代代堅決禁止父子相傳，主家只能交由養子繼承）。我最近又調查了東京神田、日本橋、京橋的四十家百年老店，這些老店全數皆由「入贅女婿」來繼承，也就是說，百年老店是由女系血統繼承的。

因此「老舗」（百年老店）一旦娶新娘，新娘就會受到親戚們的嚴密監視，發現有任何失態，就會舉行家族會議。如果在會議中，新娘被認為行為不端，則會被以「のれんに傷がつき、店が潰れる」（有損商譽，會搞垮店鋪）的名義，遭受離婚或

12 【譯註】日本文學體裁之一。川柳由俳句發展而來，但比起俳句，在規格上較為自由，一般以描繪民眾生活或世態、人生矛盾為主。

逐出家門等對待。因此「老舗」（百年老店）的新娘總是每日以淚洗面。

而若是迎來的女婿，親戚族人們則不會有任何怨言。畢竟如果是從店中經營層選出的女婿，一定百般地順從店鋪的商業策略，而從同等級其他百年老店之中選出的女婿，也不可能失手做出有損名譽的事。

然而，若是招贅來的女婿英年早逝，就會成為大問題。假設成為寡婦的女兒年約三十左右，親戚們會協商出「臨時の夫」（臨時夫婿）。新夫婿會與女兒同住卻不結婚，只是和家族簽訂契約等待新的繼承人出現。契約中甚至提及：如果繼承人平安被培養成人，家業也發展順利，夫婿將得到追加報酬。由此可知，「老舗」（百年老店）甚至會僱用「契約旦那」（契約女婿）以保護「**暖簾**」（指店鋪名聲、傳統；店招牌）。

古川爺爺的感慨

「暖簾（のれん）」一詞念法由中國傳入的唐音「ノウレン」縮略而成，原指禪寺中的遮陽簾。室町時代的大阪堺（さかい）地區，人們開始在店門口設置寫有店家名號的「暖簾（のれん）」。傳承到江戶時代之後，「暖簾（のれん）」的存在相當於今日寫有店名的大型招牌。

年季(ねんき)を入(い)れる

一人前(いちにんまえ)

沒有十年功，甭談「資深」二字的日本社會

江戶時代

現代日本人這樣說

在電子遊戲場或小鋼珠店，總有技藝高超的好手。他們會得意的說：「年季(ねんき)が入(はい)ってるからね」（畢竟我是台下十年功嘛）「**年季(ねんき)を入(い)れる**」（久經磨鍊）是江戶時代以來的用語，不過這詞彙並不能用在遊戲上。江戶「年季(ねんき)を入(い)れた」的人被稱作「年季者(ねんきもの)」（資深老鳥），有一定權威感。資深老鳥們之所以這麼夠分量，就在於他們必須付出等值的努力，才能換取等值的存在感。

原來是這個樣

「年季（ねんき）を入（い）れる」

原指學徒向工匠師傅或商店店主簽訂「年季証文」（約定勞動年限的修習契約）。簽訂「年季証文」之後，學徒即入工匠師傅或商店店主的戶籍，由契約主提供食衣住等生活所需，開始修行。

以江戶名店「白木屋（しろきや）」為例，學徒在十二、十三歲左右為止被稱作「子供衆（こどもしゅう）/丁稚（でっち）」（小學徒）。白天幫忙跑腿或打雜，晚上則學寫字和珠算。由於小學徒時期算是學習期間，並不會支薪。正式入店五年左右，會升格為「若衆（わかしゅう）」（年輕學徒）。雖然一年會有四兩薪水，做的卻還是打雜工作。每年都會發生數次名店的小學徒或年輕學徒私吞營業利潤的事件。每一回偷錢的原因都是「要拿來買東西吃」——這些正值發育期的孩子令人憐惜啊。

升為「若衆（わかしゅう）」（年輕學徒）四年左右，會再晉升至「手代（てだい）」（伙計）。薪水一併調漲為每年五兩。自簽訂「年季証文（ねんきしょうもん）」也已經過了九年，年齡大約是二十一歲上下，跟現今的大學畢業生差不多。這時，成為「一人前（いちにんまえ）」（獨當一面的成人）的「手代（てだい）」（伙計）會在這年「初登り（はつのぼり）」（初次上京）。

「初登り」（初次上京）也稱作「初お広め」（初次公開）。依規定：在京都本店等被公開宣傳的「手代」（伙計）已經被認可成為「一人前」（獨當一面的成人），也讓本店認可「手代」的能力。結束「初登り」（初次上京）後，「手代」（伙計）就能得到長達五十天的假期，這是他們離鄉修行後，第一次被允許返回家鄉的休假；此階段稱為「年季上げ」（學徒契約結束）。學徒即「**年季を入れた**」（久經磨鍊，經驗豐富）。名企業三越的前身「越後屋」等也採用相同制度。

職人（工匠）則需花費十年才能算進「**年季を入れる**」（資深、經驗老到）的行列。工匠到了第十年也會在同業間進行「お広め」（公開亮相），讓眾人認可其已經成為「一人前」的工匠。聽起來簡單，其實這相當不容易。學徒相當於要在現代人中學到大學的期間，遠離家人半工半讀。修鍊到一半，捱不過而離開的稱作「年季崩れ」（學徒契約中斷），學徒必須要賠償之前的食宿費、服裝費等費用給師父或店家。同時，也會被世人認定為沒能力的人。

農家的男孩要成為「一人前」，則需要擔起一**俵**[13]（約六十公斤）的俵（裝盛稻穀等農產品的圓筒狀容器）。這是由於年貢是裝於米俵內繳納的。農家子弟也與工匠、商家的學徒一樣，需要達到各自職業所需的嚴格技能標準。

順帶一提，「年季を入れて」成為「手代」（伙計）之後，就需面對用實力競爭

的世界。優秀的「手代」（伙計）會在大約十二年之後成為「小頭」（小組長），便能夠穿上羽織（穿在和服外面的短外套）。白木屋位於江戶地區的日本橋店裡，設有「小頭」十名，其上有「年寄役」（中間管理職）五名，再來是「支配役」（經營層）三名。「小頭」以上身穿羽織的階級，一般稱作「番頭さん」（管理階層）。

古川爺爺的吐嘈

「番頭」並沒有正式名稱。他們穿著羽織的模樣，放到現代來看應該就像某些人身著高價西裝與高級配件，在高級酒吧中尊稱為「老闆」一樣威風吧？

---

13 【譯註】日本傳統計量單位。原指稻梗或野草編織而成的圓筒狀容器，一般用來盛裝米穀、木炭等產物。

商人（しょうにん）几帳面（きちょうめん）

流浪武士如何鹹魚翻身變成江戶富商？

江戶時代

現代日本人這樣說

不定期休業的商店一定會倒，或者其實不定休就是要倒掉的前兆。如果客人預想了店面會開門，卻發現沒有開，店家就會失去信譽。因此有人會深切的說：「商人というのは、やはり几帳面でなければいけないね」（所謂商人，還是必須得一絲不苟、嚴格自律呢）。不畏颳風下雨都要開店，關門後再將營業額記上帳本。雖然商人必須要自律且「**几帳面**」（嚴格、一絲不苟），不過也有一說「商人と屏風は曲がらねば世に立たず」（商人跟屏風都必須彎折，才能站立）；意即「商人就像屏風不彎折，就站不起來一樣，商人必須要壓抑自身情感接待客人，才會成功」。

也許就是因為太多商人只顧彎折自己奉承顧客，日本的商業道德才會頹廢成這樣吧？

原來是這個樣

「商人（しょうにん）」（商人）原本念作「あきんど」，意為「秋（あき）の人（ひと）」（秋天的人）。這說法是來自於古人會於稻米結穗、可以收成的秋天進行貿易活動。漢字會寫作「商」，則是因為中國古代商朝滅亡後，國民散落各地，以貿易買賣維生。漢語因此稱其為「商人」。江戶時代被稱作「豪商（ごうしょう）」（名商、富商）的商家，與古代中國的「商人」略有相似之處。如果探討豪商的起源，可以追溯到被滅的武將家系；由此可知為何真正的豪商非常「几帳面（きちょうめん）」（嚴格、一絲不苟）。

「几帳面（きちょうめん）」的語源可見於[14]《源氏物語絵巻（げんじものがたりえまき）》，這詞彙是來自於分隔房間用的

14 【譯註】以《源氏物語》的故事為基礎，為加深故事的豐富性而繪製的畫作。自《源氏物語》成書後，隨著時代演進，誕生出各式各樣的「以《源氏物語》為主題的畫作」。

「衝立」（矮屏風）跟「几帳」（絲綢簾幕）。「几帳」的柱子削掉銳角後，會再刻出一條溝槽，這個筆直的溝槽即稱作「几帳面」。後來被用來形容人做事端正、守禮儀。

歷史上最「**几帳面**」（嚴謹、一絲不苟）的豪商，是居住於伊勢松阪射和地區（位於今三重縣松阪市）的竹川家。其經營規模及公共貢獻，絕對超過現在的三井家。竹川家也出自武士家系，其祖先為織田信長之妹お市的夫婿——淺井長政的堂兄弟，是一名真正的戰國武將。

天正元年（１５７３）織田・德川聯軍攻陷小谷城（位於今滋賀縣長濱市），淺井長政自戕，而其叔父的長子久賢逃至乳母故鄉，即伊勢松阪地區的竹川，並以其地名當作自身的姓氏，更名為「竹川」。竹川家後來為逃避追擊者，進入射和地區，成為商賈。身為名門武將的末裔，竹川家具有宏觀視野，並富有資訊分析能力及公德心；包括江戶店鋪在內，於日本各地皆設有分店。

江戶・幕末時期的當家竹川竹斎，更是近世商業史中值得一提的大人物。他每天嚴謹地寫日記，五十年來沒有間斷過。全憑他的日記之福，清晰地把幕末商人及時代樣貌保留至今；自天保年間（１８３０—１８４４）以來，竹斎會一邊凝望世界地圖，一邊思考日本的未來，也會閱讀香港新聞，比江戶幕府更瞭解國際情勢。

不僅如此，竹川竹斎還在射和地區建立了數座水庫、將藏書以「射和文庫」名義開放給當地民眾、並援助衰退的茶道[15]裏千家。且在得知貧困潦倒的勝海舟的存在後，他請在江戶的胞弟予其經濟援助，使勝海舟脫離貧困生活。竹川竹斎可謂勝海舟最大的恩人。

黑船事件後，竹川竹斎提出「建白書」（建議書、建言）宣揚開國進行貿易的利益。幕府「老中」（江戶幕府中負責統領全國政務者）阿部伊勢守深受感動，竹斎也與其心腹「旗本（江戶幕府的武士階級之一）大久保忠寛（一翁）」結為莫逆之交。後來竹斎會見了英國公使パークス（Sir Harry Smith Parkes）及美國傳教士ヘボン（James Curtis Hepburn），甚至接受幕府的請求，當上貿易顧問，成為幕臣。竹斎因此同時致力為幕府及家業付出。而大久保一翁與竹斎的情誼，也隨著靜岡縣的[16]茶田開墾日漸加深。

15【譯註】茶道流派之一。表千家、裏千家及武者小路千家合稱「三千家」。

16【譯註】慶応二年（１８６６年），竹川竹斎受大久保一翁的委託，撰寫關於桑樹與茶的栽培書《蚕茶楮書》。大久保隨後於明治二年（１８７０）年擔任静岡藩權大参事（地方政府副首長），為静岡牧之原地區的茶園開墾貢獻相當心力。近年來，普遍認為牧之原地區的開拓可能有參考《蚕茶楮書》的內容。

古川爺爺的吐嘈

竹川竹斎（たけがわちくさい）是擁有最大公益貢獻心的江戸時代豪商。明治期財閥不僅不像他一樣有遠見，也不會從事不帶任何私心的商業活動。竹川竹斎（たけがわちくさい）真的是一名「**几帳面**（きちょうめん）」（嚴謹、一絲不苟）又世間罕見，值得日本人驕傲的豪商。

ニセモノ
いかさま

江戶日本橋的著名老店也賣過仿冒品？

江戶時代

現代日本人這樣說

女性似乎可以一眼看出名牌包的真偽。如果這麼容易分辨，那她們還將贗品拿來四處炫耀，豈非難看至極？女人心真是難懂啊。

原來是這個樣

「**偽物**(にせもの)」（仿冒品）的語源來自「似(に)せるもの」（相似的物品）。「偽」這個漢字意即「造假、改變表象」。冒牌貨即是外觀看來與真品相近的假貨。如果連同內容

物及功能都一起仿冒了，看起來即與真品無異，這可就違反了商標法。那麼如果一個公司在不同地方，製作了與真品無異的假貨，會發生什麼事呢？商品的真偽就會「紛らわしい」（無法分辨）。

這種「紛らわしい」的事，在江戸相當普遍。江戸時代形容仿冒品的常用表現即是「まぎらわしい」。《万葉集》中，將「まぎらわしい」寫作「目霧らわし」（按原文標音）。這個詞原本是「耀眼的、眩目的、頭暈目眩的」之意，在平安時代以後演變為現今「無法明確區別、相似卻無法分別」的意思。

「**いかさま**」則是江戸時代的俗語。最初是用在「いかさまさようでござるす」（不論如何，就如同你所說的）、「いかにもそうだ」（不管怎麼說都是那樣）這樣的語句中，後來因為人們會用「いかさま」（就大概是這樣啦）來取信於對方，藉此愚弄他人，因此俗話中詐欺行為就被稱作「いかさま」。這些做「いかさま」的人所販賣的商品即為「いかさまもの」，意思是讓人以為「いかさまさようでござる」（大概就是這樣）的仿冒品。到了江戸後期，「偽ブランド」（冒牌名品）相當猖獗。在歷史記錄上，連江戸日本橋首屈一指的商店都有在販賣。

首先要提的是「京紅」。因上杉鷹山而聞名的出羽（今山形縣）所產的「紅花」，是日本全國知名的口紅原料。將出羽的紅花，以船運經由最上川、日本海運送到京都後，在京都加工而成的口紅，即能以「京紅」這個品牌名稱，銷往全國。

日本橋通町二丁目的柳屋是來自近江（今滋賀縣）的商人，是一間以販賣口紅「京紅」與髮油聞名的百年老店。柳屋從這一間店鋪開始，逐漸發展為大品牌。柳屋在寬政年間（1789—1801），派遣了兩名手代到最上川流域，收購了紅花的種子，並拿到武州（今琦玉縣周邊）各地栽培，再於江戸地區的柳屋加工成口紅後賣出，其成品與在京都加工而成的「京紅」難以區別。拿到現代來看，柳屋賣出的口紅大概就成了仿冒品。這就是近江商人的積極之處，日本俗語[17]「天秤棒一本担ぐ」（挑著一根扁擔）所刻劃出來的[18]近江商人，其實是個誤會。

當然除了「柳屋的口紅」之外，江戸也有許多和服及絲綢名牌的仿冒品。包括出羽的「紛れ琉球紬」（冒牌琉球紬絹）、川越（位於琦玉縣西南部）的「紛れ唐桟」（冒牌高級棉織物）等高級品的盜版貨，皆有在江戸販售。元文三年（1738），

---

17 【譯註】江戸時代近江商人的形象是挑著一根扁擔（天秤棒），不畏艱苦地走遍全國行商。

18 【譯註】俗語裡所刻劃出的「近江商人」形像，表現出的是較為刻苦、踏實的行商方式和態度。相對於這種一步一腳印的行商方式，作者提及的近江商人「柳屋」取巧、積極地尋求商機的作法，一反日本俗語所表現出的刻苦耐勞、腳踏實地的形像；因此作者才會在說一般人對於近江商人的形像，在認知上有所誤會。

桐生（位於今群馬縣）召集了京都[19]西陣的紗綾織（菱格紋形或卍字形圖樣的絹織物）工匠，打造了「東の西陣」（江戶地區的西陣）。

三井越後屋與白木屋曾經拿正版西陣的織品給客人當樣本，實際卻賣出桐生產的絹織物，不過由於這是「いかさま」（詐騙行為），最終還是停手了。其後周邊的甲州（今山梨縣）、信州（今長野縣）、岩代（今福島縣）都成為絹織的產地，黑船來航開港前的五十年，關東地區的絹、棉織產業就已經超越京都，蓬勃發展了。

古川爺爺的吐嘈

當時西歐因絲蠶傳染病蔓延，絲織產業瀕臨滅絕，不過日本的蠶健壯無比。因此日本開港後，就馬上輸出蚕種（蠶卵），拯救了西歐的絲織業。最初日本得以從中國輸入絲織物，再送到京都織成布料，到了江戶幕末，日本絲織業居然成長到能夠輸出蠶種的地步了！

清酒（せいしゅ）
灘の生一本（なだのきいっぽん）

與德川家康稱霸天下一樣威的日本清酒

江戸時代

現代日本人這樣說

提到傳統的「清酒」（日本清酒），應該很多人會想到「灘の生一本」（由兵庫縣灘地區生產的清酒總稱）。到戰國時代為止，日本人所喝的都是混濁的「ドブロク」（濁酒）。而徳川家康當上將軍後，「清酒」也隨之誕生，並飽受好評。此清酒的品牌名為「剣菱」。有人可能會認為，最初的日本清酒「剣菱」，產地應該是「灘の生一本」。不過他其實來自伊丹，即大阪國際機場所在的兵庫縣伊丹市。

19【譯註】位於京都上京區及北區的地名，以高級絹織物「西陣織」聞名。

原來是這個樣

清酒「剣菱」的發祥地是伊丹的鴻池村，想出「剣菱」的人則是戰國名將[20]山中鹿之助的遺孤。他定居於伊丹鴻池村，並於此地費盡心神研究清酒。據說慶長五年（1600）的時候，「剣菱」以馬車運至江戶後，在江戶地區廣受好評。這年正是「関ケ原合戦」（關原之戰）開打的年份，商人在東西軍對峙、衝突間，以馬車將清酒運送至江戶，這樣果敢的經商方式，真不愧為勇將後代。江戶初期，伊丹清酒蔚為流行，被尊為「清酒と言えば伊丹諸白」（最好的清酒即是伊丹酒）。也許是後來才出現「剣菱」這個名稱。

元和元年（1615）開始，山中鹿之助的遺孤以地名取名鴻池，成為後來的富商鴻池家族。同年豊臣家族滅亡，清酒可以說是跟徳川家族的天下霸權一併擴展的。鴻池成功的秘訣有二：第一是將過濾後的酒加熱，讓它不繼續發酵，成為味道穩定的清酒。第二點則是不以大酒瓶，而是用大型「杉樽」（杉木酒桶）做釀造。將「清酒」裝入四斗的杉木酒桶中，便能以船運大量運至江戶。

連包裝都發揮創意，選用了適合運送的方式，清酒的誕生與江戶幕府統一政權的誕生，皆可稱為跨時代的產物。元禄時期先後出現全國知名的伊丹「剣菱」、「男山」，讓江戶武士們為之傾倒。由古至今，大概沒有像酒這麼與政治掛勾的商品了。「灘の生一本」之所以有名，也是為了救濟旗本（江戶幕府的武士階級之一）武士拮据的經濟狀況。

釀酒的原料白米，是幕府的貨幣基礎。包含「剣菱」在內的「伊丹諸白」，皆是在秋季以古米釀造，因古米並不會影響米價，所以江戶幕府鼓勵酒商使用集結到大阪作為年貢的新米，在冬季釀酒。米價如果提升，旗本武士的禄米（作為俸祿的米）價值也會提升。幕府為此提出了「寒仕込み」（冬季釀造），鼓勵民眾於冬季進行釀製。

為了「寒仕込み」，丹波、但馬（位於今兵庫縣北部）降雪地區的農民結為釀造集團，在伊丹的農閒期以釀酒作為副業賺錢。伊丹的酒會經由大阪等地進入海運銷往外地。元禄時期，光江戶地區就消費了六十五萬樽左右的四斗樽，伊丹地區所出產的酒的受歡迎程度，可見一斑。

20【譯註】山中幸盛（1545—1578），戰國時代至安土桃山時代武將。別名山中鹿之助、山中鹿介。

見到大阪與兵庫港口成堆外銷的的酒，意圖效法而後興起的清酒品牌即是「灘（なだ）の生一本（きいっぽん）」。大阪灣沿岸以播磨（はりま）（位於今兵庫縣）西宮為首的灘（なだ）五鄉（ごごう），使用水車大量精製白米，並以被稱作「宮水（みやみず）」的六甲山（ろっこうさん）地伏流水（ふくりゅうすい）（儲存於河道下方砂礫層中的地下水）釀成清酒銷售。

這種「灘（なだ）の生一本（きいっぽん）」是口味較清爽卻**延び（の）の効く（き）酒（さけ）**（酒勁強烈的酒），它清淡順口的口感，在江戶也受到歡迎。伊丹（いたみ）產的「劍菱（けんびし）」、「男山（おとこやま）」屬於酒味醇厚、較辛辣的口味，適合細細品嘗，「灘（なだ）の生一本（きいっぽん）」則適合大口暢飲。

現今「劍菱（けんびし）」的酒廠位於廣島（ひろしま），「男山（おとこやま）」則在北海道（ほっかいどう），皆為當地具代表性的銘（めい）酒（しゅ）（具有專屬商標名稱的高級清酒）。

古川爺爺的吐嘈

清酒「灘（なだ）の生一本（きいっぽん）」到了江戶後期，就成為了全日本知名的清酒品牌。

猪口（ちょこ）　ちょこまか

陶器酒杯與酒瓶爲什麼會出現？

江戸時代

現代日本人這樣説

電視時代劇出現有「**猪口**」（飲酒用的小酒杯）和「徳利」（日本酒用的酒壺）的飲酒場面時，愛喝酒的大叔們就會開始碎念批評：「あんな猪口と徳利を使うのは明治になってからな」（像那樣用小酒杯和酒壺來飲酒是明治時代以後才有的習慣吧）。然而，在江戸時代就已經有「ちょこ」跟「とっくり」，而且當時「ちょこ」和「とっくり」並不是指酒杯及酒壺。

21 【譯註】兵庫縣西郷、御影郷、魚崎郷、西宮郷、今津郷等五個以酒造聞名的區域。

原來是這個樣

「**ちょこ**」指的是陶製小容器，據說是從漢語或朝鮮語的「ちょく」變化而來。「猪口」不過只是後人取發音近似的漢字標記而成。「ちょこ」以前也被當作醬油碟使用。「とっくり」也是指陶製容器，而且這個詞彙的語源也是不詳，但有一說是由於[22]備前焼會製造許多「とっくり」，因為備前焼價格實惠、品質優良，所以取用「德」（便宜）且「利」（好用）的語意，將「とっくり」這種陶製容器，命名為「德利」。「德利」原本也不只用來裝酒，也用來裝醬油。不過今天所見的「燗德利」（可用來溫酒的酒壺）尺寸是大正期才出現，江戶期的「德利」約比現今的「燗德利」大上兩倍多。

使用陶製酒杯及「德利」這種陶製酒器飲酒，是相當跨世代的進展。這代表人們對於酒的口味變得更加敏銳了。日本人到戰國時代為止喝的是濁酒，並不會特別留意酒的味道。我們在前一篇有提到，清酒一直到江戶時期才登場。自從伊丹清酒出現之後，讓人們對於從杉木酒桶取出的酒所散發出的酒香、口味更加敏銳。由於陶器無臭無味，能夠品嘗食物原味，飲酒容器也從過去所使用的木製酒杯，變成了陶製的「**ちょこ**」。此後木製酒杯只用於「三献の儀」（日本結婚儀禮之一，又稱三三九度）。現今正式婚禮的三三九度，也是使用上過漆的木製大酒杯。

江戸時代之後，清酒酒廠如雨後春筍般出現。江戸是個特別愛喝酒的都市——因為此處常駐有全國一半的大名，其家臣及家人沒事就常喝酒。看準這商機的正是以釀酒聞名的「越後地區」（今新潟縣）。現在的越後地區仍以日本酒聞名，但是越後的釀酒業，早在五代將軍德川綱吉的時代就已興起。最初是從越後魚沼郡（位於今新潟縣中越地區）開始的。

越後魚沼郡位於深山裡，由於沒什麼特殊物產，就開始釀造清酒。釀酒的理由是因為附近就是產米的新潟平原，而且越後所產的米價又特別低廉。到底有多低廉呢？我想從以下數據，就一目瞭然了。在江戸，一兩可以買到一石七斗米。越後沼垂（今新潟市）米價是江戸城的一半，可以買到三石五斗米。越後魚沼郡塩沢也能買到二石八斗五升米。

22【譯註】岡山縣備前市周邊所產陶器。

因為越後所產的米，價格實惠，使得魚沼郡釀酒業興盛。他們從江戶、長岡城下（位於今新潟縣長岡市）、京都等地挖腳釀酒師，可見從最初就打算將商品送到江戶去販賣。「越後的高級清酒名品」是當地人費盡心力地發展「地方創生」後，所得來的碩果。

另外，日語中有「ちょこちょこ」（小跑步、做事匆忙迅速）一詞，例如：小朋友到處跑動，大人會講「ちょこちょこするな」（不要四處亂跑）。「ちょこちょこ」的語源不明，「ちょこ」被用於表現「小的」、「稍微」之意。

古川爺爺的吐嘈

「**猪口才**」指小精明、小聰明。「ちょこちょこ」除了「小跑步」之外，也有「隱藏事物」之意。「屏風の陰でちょこちょこと」（在屏風後面偷偷摸摸）——這句話在江戶時代用以形容不見光的情感關係，這種秘密關係也稱作「ちょこまか」；似乎是酒席間不經意發展出來的說法。話說回來，從日本中世時期開始，賣酒的總是女性呢。

株（かぶ）
頭取（とうどり）

銀行業的專有名詞「頭取（とうどり）」是來自於「取人頭」？

江戸時代

現代日本人這樣說

「うちの株（かぶ）も、こう下（さ）がっては、頭取（とうどり）も退陣（たいじん）せざるを得（え）ない」（我們公司的股票跌成這樣，也必須要讓負責人下台才行了）。這樣的對話已經有相當歷史了。雖然「株式会社（かぶしきがいしゃ）」（股份有限公司）是近代的產物，不過「株（かぶ）」（股票）跟「頭取（とうどり）」（負責人、銀行行長）都是江戶期就有的詞彙。那麼，為什麼現在只有銀行界使用「頭取」一詞呢？

原來是這個樣

「かぶ」原意為「頭」，也指結成塊狀的事物。典型例子就是植物的「株分け」（分株栽種法）。江戶時代之後，「株」被用來指稱受幕府或大名認可的業者工會成員，也指同樣受到官府許可的名主（なぬし）（町村中的首領）及家主等。這些職位原則上為世襲。

假設有一間正規的和服商，加盟了和服商同業的工會，就會稱其持有和服商的「株」（かぶ）。在物價上漲等時期，這些商人必須依町奉行所的命令壓低商品價格，不過他們同時也擁有權力，可以不讓沒有「株」（かぶ）的和服商人營業。可見「株」（かぶ），就是指受到官方認可的存在。

「旗本（はたもと）の株（かぶ）」、23 「御家人（ごけにん）の株（かぶ）」的買賣雖然並非正規行為，還是有人公然進行。

由於「旗本（はたもと）」（江戶幕府的武士階級之一）及「御家人（ごけにん）」（直屬於江戶幕府將軍的家臣）都是得到官方認可的家族，江戶時期窮困的旗本及御家人會以金錢為條件認收養子，自己就此隱居，讓養子及養子後代繼承搖搖欲墜的家業。此即稱「旗本（はたもと）・御家人（けにん）の株（かぶ）を買（か）う」。

与力（武士身份之一，屬騎馬的武士）的「株」價格為千兩；同心（武士身份之一，以徒步為主）便宜一點，大約兩百兩；御徒（武士身份之一，不被允許騎馬的武士）則值五百兩。「御徒」的「株」價格之所以比「同心」高，是因為御徒之中有許多優秀人才受到拔擢，就此飛黃騰達——株的買賣是會有價格變動的！

進入幕末之後，因購買「株」而得到武士身分的人，比前幾代對德川家有貢獻而獲得旗本、御家人地位的[24]三河武士人數還要多。傳統的三河武士都被「お株を奪われた」（此處的意思就按字面原意：「株」被奪走了。後來引申為「搶走風采、在專長領域被趕超」之意）。

「**頭取**」一詞則來自「音頭取」，「音頭取」指「雅樂、能樂、歌舞伎等演奏時的主奏者」。到了江戶時代，「頭取」變為負責消防工作的人足（從事勞力工作者）或鳶（從事消防及土木工作者）對首領的正式稱呼。江戶城的消防組織會一邊唱[25]「木遣り歌」一面趕向火場，因此以「音頭取」演變而來的詞彙稱呼首領。

23【譯註】旗本及御家人皆為直屬於將軍的家臣，其中旗本有參見將軍的資格，而御家人則無。
24【譯註】又稱「三河衆」，指協助德川家康壯大的三河国（位於今愛知縣東部）出身之武士。
25【譯註】日本民謠的一種，原為勞動時所吟唱的歌曲，而後成為宴會、祭典使用的音樂。

江戶時代最悲慘的「頭取」，是農民暴動時的領導人。這些暴亂一般稱作[26]「百姓一揆」，不管政府有沒有同意其要求，被稱作頭取的這些帶頭者都會被處以死刑。為了不讓政府分辨出「頭取」（帶頭者），暴動連署時的連判狀（連署書）上會以環狀署名（[27]傘連判・[28]円連判），不過騷亂被平定後，藩政府或幕府還是會徹底調查詰問，找出「頭取」（帶頭者）並予以判刑。

農民抗爭中的「頭取」，必須要代表數百至數千人向官府爭論，因此必須選任有相當名望和懂得立身處世智慧的人物。一開始多是從村中官員中選派，隨著時代變遷，也有許多暴動的「頭取」是從下層農民間選出。現今稱銀行的負責人為「頭取」，也是源於江戶時代的這段歷史。明治期的銀行，多為士族集中公債等資產成立，從眾多出資者中，選出最適合的人作為代表，其地位與消防組織的首領和農民抗爭中的帶頭者相似；因此只有銀行的負責人被稱作「頭取」。

古川爺爺的吐嘈

按照上述提及的詞彙演變來看，破產的銀行「頭取（とうどり）」可說是「集結匪徒，幹盡為非作歹之事後，接受死刑」的存在。

26【譯註】江戶時代的農民運動。指農民大規模、具組織性的鬥爭起義。
27【譯註】傘連判指簽名時以放射狀簽署，此舉是為了保證連署者的平等權益，也避免官府找出發起人。
28【編註】「円連判状」是「傘連判状」的別稱。無論是以放射狀簽署的「傘連判状」，或是以圓形簽署的「円連判状」，都是一種為了表示平等的記名連署方式。

第五章

武士世界的官場現形記

じょうず おおわらわ

武士本來是職業殺手？

平安時代

現代日本人這樣說

母親會大力稱讚在地上爬行的孩子說：「おじょうず、おじょうず」（好厲害喔！好棒喔！）孩子則咿咿呀呀發出開心的聲音。我們乍聽之下會以為「**おじょうず**」（擅長）是來自古代的[1]「**女房言葉**（にょうぼうことば）」（古代宮中女房所使用的詞彙），不過「じょうず」其實是正統的男性用漢語詞語。

原來是這個樣

漢字「上手」依訓讀中的呉音念作「**じょうず**」。早在平安中期的《宇津保物語》就已出現，語意與現今相同。平安王朝掌握大權的藤原道長，在其所著的《御堂関白記》中如此描述源頼朝：「この人、殺人の上手なり。しばしばこのことあり」（此人極擅殺人，時常會殺害他人）。

這可是很不得了的專長啊！當時已有出現士兵及武者組成的武裝集團，他們臣服於貴族、從事警備任務，一有任何爭端即會互相鬥毆或發生群體衝突。這些人也被稱作「侍」（武士），不過「侍」一般指位階於六位以下的官員。サムライ的語源為「ザブラフ」（在身旁侍奉、待機），指如看門狗一般，服侍有權有勢宮中貴族的護衛。他們會因為一些雞毛蒜皮小事，跟主人的政敵爭鬥起衝突。這些衝突偶爾會出現死傷，因此都城人民並不喜歡他們。

---

1 【譯註】又稱「女房詞」，15世紀初期宮中女官所使用的特殊隱語。其特色之一為包含許多「『お』ことば」，即在語首加上「お」的用語。

藤原道長（ふじわらのみちなが）的長子藤原賴通（ふじわらのよりみち）晚年在宇治建立了平等院（びょうどういん）作為別墅，並於該地逝世。這位賴通（よりみち）年輕時也是權謀之徒，曾以謠言毀謗政敵，亦曾咒殺過對手。平安王朝的貴族們，都在背地裡進行這種陰狠的鬥爭。

賴通（よりみち）所熟識的「殺人の上手（さつじんのじょうず）」（殺人高手）並非武士，而是[2]四天王寺（してんのうじ）的舞人（まいびと）（舞者）。雖然大寺院舞者成為王家貴族的殺手這種事，聽起來真不可思議，但據稱這位舞者曾經也是一名武術師。到了平安末期，「武者（むしゃ）」（武術師）、「武士（ぶし）」地位提升，「**おおわらわ**」（四處狂暴攻擊者）也開始在歷史舞台上正式活躍起來。

「**おおわらわ**」漢字為「大童」。古代孩童並不會挽起髮髻，而是披頭散髮的行動。成人則會將頭髮盤起、梳理整齊地固定於頭頂後，再戴上烏帽子（えぼし）（日本貴族、官人上朝時所戴的帽子；烏紗帽）、冠（かんむり）（平安時代後表示身分階級的正式頭飾）或兜（かぶと）（頭盔）。被稱作「大兒童」的「オオワラワ」，便像是兒童一樣脫下頭盔或烏紗帽，披頭散髮行動的大人。

平安末期描述[3]平治の乱（へいじ）（平治之亂）的《平治物語（へいじものがたり）》有提到「冑（かぶと）も落（お）ちて大（おお）わらはになりたまふ」（鎧甲也掉落，成為大童）。此時源氏與平氏都已成為皇室的武力，被稱作「武士（ぶし）」（武士）。其領袖則成為各[4]「大夫（たいぶ）」（等級較低的貴族，位階為四位、五位）。

這些武士一旦成為「おおわらわ」，戰場就會死傷慘重。他們會以火箭與火把攻擊敵人根據地及整個村落，並將敵方妻妾拖出來，把她們脫個精光，任由屬下凌辱。《将門記》一書將當時武士集團的作為，都如實記錄了下來。這些武士並沒有在京都做盡這些狂暴之事，但是這些武士出身的關東地區，就曾因戰亂造成農田燒盡，收成只剩下原本的一成。

古川爺爺的吐嘈

無論如何，這些武士都被歸類為擅長殺人的「職人」（某一技術領域的專家）。大概也是因為如此，身為武士之首的[5]「征夷大将軍」，才會被尊稱為「武士の棟梁」（武士的老大）吧？

2【譯註】位於大阪府大阪市天王寺區的和宗寺院。

3【譯註】平安時代末期 1159 年發生的內亂。由後白河院權臣聯合藤原信賴、源義朝發起。

4【譯註】根據《岩波古語辭典》，「大夫」作為位階稱呼時應念作「たいふ」。

5【譯註】原為負責平定北海道蝦夷人的臨時官職，後來成為掌握天下武力者之意，源賴朝後成為幕府將軍之頭銜。

かたな えもの

平安時代

武士的象徵——彎刃武士刀的誕生

現代日本人這樣說

小時候常聽別人說「日本刀は世界でも珍しい刀剣で、馬上から斬り下ろすができるように反りがついている」(日本刀是世界上極為罕見的刀劍，為了要能夠將對手斬下坐騎，因此刀身帶有弧度)。

這個論述完全是假的！但很多人甚至長大後都還深信不疑……畢竟電影、雜誌上充斥著武士英勇騎馬戰鬥的場面，到了鎌倉，也能看到當地名刀[6]相州正宗在展示櫃中流淌冰晶般的光芒。在這樣的環境下，沒有人會對日本刀產生任何疑問。可是，一旦我們知曉日本刀身有「反り」(弧度)的真正理由，就會驚然發現：自己其實連刀之所以稱作「**かたな**」的語源，都不清楚。

原來是這個樣

「**かたな**」意即「かた」（單邊的）「な」（刀刃的古語）」，指的是單面刃。之所以使用漢字「刀」是因為「刀是指帶弧度的菜刀，或形狀如刀彎曲、有弧度的小船」。因此「刀」即指「帶有弧度的單邊刀刃武器」。

到奈良時代為止，日本人所使用的大刀皆為直刀。從飛鳥時代開始，日本人就以直刀為武器，與東北地區的蝦夷（日本東北、北海道地區傳統民族）戰鬥。東北地區原為蝦夷的國度，他們雖有向大和朝廷朝貢，卻是個獨立國家。奈良時代宝亀五年（774）開始，日本人為吞佔此地，正式發起「蝦夷征服戦争」（征伐蝦夷之戰）。此戰爭持續了三十八年，直到平安前期弘仁二年（811）才結束。

戰爭期間有二千至四千蝦夷人成為俘虜，分別送至大和的三十五個地區，簡直像是狩獵奴隸一般的戰爭。日本人占領東北地區之後，則建立起城柵（城區周圍建造的柵欄），並由東國派遣武士去守衛。這些城柵被稱作「柵戸」，守衛的任務則

6【譯註】指鎌倉後期的刀匠岡崎正宗及其所鍛造的刀劍。

類似後來的「屯田兵」（明治政府派遣至北海道地區負責開墾及警備的人員）。

之後，蝦夷的叛亂不曾歇止，關東武士團也數度出兵東北地區鎮壓。蝦夷的優勢在於其所使用的蕨手刀（日本刀的一種）——因為日本武士團所使用的直刀，在冬季寒冷的東北地區容易折斷；以致曾發生過出征蝦夷的武士團，只有五十五名倖存的狀況。

武器的優劣決定成敗。蝦夷的蕨手刀由軟鐵製作，不易折斷。日本人特別參考此設計，結合軟鐵與硬鐵，製作出比蕨手刀更堅硬，卻又具有柔韌度、足以耐寒的日本刀。日本刀以硬鐵包覆軟鐵，刀刃部分完全使用「焼き入れ」（指為提高鋼鐵硬度，以高溫加熱金屬後急速冷卻的鍛造技術）技巧鍛造。刀刃極度輕薄，刀側則較厚。經歷「焼き入れ」過程後，由於軟鐵與硬鐵的冷卻速度不同，便產生出弧度。此種鍛造技術出現於平安末期。也因此日本刀帶有彎弧，日文中將刀稱作「たち」也是來自「断ち」（斷折）之意。

「えもの」漢字寫作「得物」，指順手擅長的武器。原本武士最擅長的武器是「弓箭」，到了室町時代，各式刀劍流派，才紛紛登場。東北地區今天有「八戸」（位於今青森縣）、「九戸」（位於今岩手縣）等地名，據說這些地名的起源，皆來自於鎌倉武士團以日本刀征討蝦夷之後，出現於中世時期的「柵戸」名稱。

源平合戰時，武士們所使用的大刀，大約為三尺五寸（約一公尺），後來日本刀漸漸變長。到了戰國時期，刃長甚至可超過七尺（約二公尺）；由此可見，使用刀作為「得物」（順手擅長的武器）的武士越來越多。慶長年間（1596—1615）之前的刀，稱作「古刀」，江戶時期之後所做的稱作「新刀」；而且「日本刀」一詞，是幕末時期才開始出現的稱呼。

古川爺爺的吐嘈

話說幕末曾任將軍侍講（為君主教授學問者）的[7]成島柳北為了訪歐而訂做鞋靴，他當下發現自己的左腳比右腳大的時候，說了一句：「武士は不具である」（武士皆有身體缺陷）。為什麼呢？這是因為武士左腳必須配戴大小兩把刀劍，所以左腳會變得相對巨大。

7【譯註】成島柳北（1837—1884），江戶末期、明治時期漢詩人、隨筆家、新聞記者。

成功（せいこう） 賄賂（わいろ）

要靠賄賂神明祈求光明正大的成功？

平安時代

現代日本人這樣說

到神社去祈求事業成功的公司老闆會如此宣示：「絶対賄賂を使わず成功させてみせる」（我一定會不靠賄賂成功給大家看），之後再添上大量的香油錢。

聽到這種事的時候，我總是覺得這大概是日本人生生世世的業力輪迴。

「成功」（成功）是在近代才念作「セイコウ」。這個詞在過去也表示「功成名遂」、「達成目的」。可是在以前只有特定目的，才能稱作「成功」。

原來是這個樣

平安中期以來，貴族間理所當然地會使用「成功」。這個詞當時念作「ジョウゴウ」，是日本人自己發明的發音。在朝廷舉行儀典、活動、事業等的時候，捐贈私款提供財務支援，以此「功」換取官位或官職，即是「**成功**」。現今看來根本是完美的賄賂，但是這種事對平安中期以後的貴族而言，相當正常。

掌握至高大權的藤原道長在治安元年（1021）發願建立法成寺，最後各個堂舍，皆順利完工，當時也有運用了「**成功**」這一詞彙。法成寺的金堂、迴廊、大門、鐘樓、藏經閣等，皆由播磨守「高階為家」為了能「受領重任」（續任国司官職）而捐款「成功」建成。高階為家因此「功」，在法成寺各工程完工後，官階升至正四位下，並獲賜再任職播磨守的「重任宣旨」（續任御旨）。就算捐贈錢財建造佛寺，只要當上播磨守，似乎就可以賺回足夠的錢填補其損失。因為平安時代的国司（地方官），能夠從其領地掠奪大量財富。

希望被任命為国司（地方官）的受領（五位，為實質在地方政府處理政務的官員），本來就不得不「成功」才能受任，因此這些人也不會有罪惡感。国司不必親赴領地，而是派遣目代（地方官代理）赴任。由於目代是依能力選拔出來的，因此也有傀儡師出身的人，擔任過此職務。被派遣到當地的目代，會指揮在庁官人（地方政府的當地官員）收取稅收，可是他們只會交出其中微乎其微的部份給朝廷。朝廷因此資金不足，又陷入必須使用「**成功**」的惡性循環。

鎌倉時代寬喜二年（１２３０），因為全國性氣候不順，出現許多病患及餓死者。盜賊橫行，其慘狀讓人無法直視。連京都歌人藤原定家也將所見之不堪言狀的慘痛情形，記錄在[8]《明月記》之中：「街路に捨てられた遺骸の死臭が、家の中にまで漂ってくる」（街上被遺棄的遺骸惡臭，飄到家門內）。

鎌倉幕府的北条泰時為救助伊豆（位於今靜岡縣）、駿河（位於今靜岡縣）的民眾，分送白米，並調整禁止販賣人口的法規，讓窮困民眾能到較優渥的家庭中當奴婢；幕府政權也取得共識，同意萬事皆樸素行事。可是，朝廷內為慶祝後堀河天皇的皇子出生，連續舉辦數日盛大宴席。這期間發生了飢腸轆轆的平民闖入宴會，想奪取食物的事件。當時也只有一部分貴族互相咬耳朵地說：「飢饉のせいか」（是因為飢荒嗎？）——在場沒有一位貴族認真地思考過百姓的窮困。

朝廷唯一做出的貢獻，即是為了解決饑饉，派遣八百名包含勅使（直屬天皇的使者）在內的使者，到伊勢神宮進行「攘災祈願」（除災祈福）。伊勢神社的內宮、外宮都供奉了無數獻禮及寶物，使者們的旅費也相當高昂。由於沒有經費，鎌倉幕府只好依賴「御家人」（直屬於將軍的武士）的「成功」，湊得四百貫錢（約等於日幣四千萬）。鎌倉幕府滅亡後，「成功」制度也隨之結束。

古川爺爺的吐嘈

回過頭來看，**賄賂**（賄賂）也念作「まいない」，即指在神社向神明祈願時所供奉的供品。因此向神明祈願，也可以說是在賄賂神明。如果願望成真，那也是神明拿取供品後，提供給你的「成功」。

8【譯註】藤原定家的日記。由於定家與當時的公家、武家重臣皆有交情，又詳細記錄下源平爭鬥至鎌倉初期的實況，本書深具歷史價值。

オコリが落(お)ちる

飢饉(ききん)

平氏的衰敗與地球進入冰河期有關係？

源平時代

現代日本人這樣說

日語中有「**瘧(おこり)が落(お)ちる**」的說法，形容人沉迷於某物後突然覺得膩煩而放棄。這個詞現在大概只有老人知道了，近年皆用「熱(ねつ)が冷(さ)める」來表現相同語意。「瘧(おこり)が落(お)ちる」與「熱(ねつ)が冷(さ)める」意義相同，只是將「瘧(おこり)」改為「熱(ねつ)」罷了。

原來是這個樣

「瘧」指的是間歇性發高燒的疾病。由於患者會以二十四小時至四十八小時為一個循環，反覆地發高燒，因此其語源來自發高燒的動詞「起こる」。現代醫學用語中，「瘧」與「瘧疾」（Malaria）、「三日瘧」（亦是瘧疾的一種）屬於同種疾病，是一種熱帶性的瘧原蟲以瘧蚊為媒介傳染的疾病。

瘧疾也被稱作「えやみ」，這個稱呼來自「疫病み」（惡性傳染病）一詞。人類一旦被帶有瘧原蟲的瘧蚊叮咬，即會感染瘧疾，傳染給他人。現今日本列島已經沒有自然感染瘧疾的案例，但是從熱帶地區回國的人，還是有可能感染。「瘧疾」的潛伏期為 1 至 3 週。

「**飢饉**」（饑饉、饑荒）指天候不順，導致農作物壞死，造成人們飢餓困苦的狀況。這個詞直接借用漢語而來，在日語訓讀中，漢音念作「キキン」、吳音則讀作「キゴン」。飢饉也可念作「けかち」，這個發音亦是由漢字的「飢渇」轉音而來。為什麼日本原有的詞語裡，和饑荒、農作歉收有關的詞語表現這麼少呢？這和在饑荒前因瘧疾死亡的平清盛以及平氏一族滅亡的故事有關，且讓我來細細地說明吧！

平清盛（たいらのきよもり）的先祖不過是伊勢地區當地武士的領導者。其父平忠盛（たいらのただもり）由於追捕海賊有功，擔任過數次西國的国守（こくしゅ），並因其財富而在京都，頗有名氣。到了兒子清盛（きよもり）這一代，平氏已經成為國家的核心勢力，甚至可以誇下海口說：「平氏にあらずんば人（ひと）にあらず」（沒有平氏，其他人就沒辦法生存。形容當時平氏的財力、權勢皆達到鼎盛狀態）。伊勢平氏是以海軍為基礎的武士家族，因此藉由與宋朝的貿易，壯大了自己的資本實力。

平忠盛（たいらのただもり）當上宋船停靠的肥前神崎莊（ひぜんかんざきのしょう）（位於今佐賀縣）的「預所」（あずかりどころ）（即代理官員處理事務者）後，掌握了與宋朝的貿易。平清盛則以安芸的宮島（今廣島縣外海的宮島（みやじま）作為日宋貿易的據點，接著又在大輪田泊（おおわだのとまり）（位於今兵庫縣神戶市）大幅擴張與宋政府的貿易，甚至把根據地移動至離大輪田泊不遠處的福原（ふくはら）（位於今兵庫縣神戶市）。

平氏的領地可以說佔據日本大半國土，所有重要港灣都在其掌控下；然而坐擁著如此龐大權勢的平氏，卻因平清盛（たいらのきよもり）感染瘧疾，而狠狠跌了一跤。當時氣候溫暖，來自熱帶的瘧原蟲便在照射到陽光的積水裡棲息生長。接著氣溫突然急速下降，異常氣候侵襲日本。治承五年（じしょう）（1181，當年七月即改年號為養和）至隔年養和二年（1182），饑荒極其嚴重，史稱「養和の大飢饉」（ようわのだいききん）（養和大饑饉）。在京都的住宅聚集地有多達四萬數千人死亡，民眾陸續逃離都城。此事被詳細

記載於鴨長明的《方丈記》一書中，當時的右大臣九条兼実的日記《玉葉》中則什麼也沒提到。由此可知，平安時期的貴族對饑荒的漠不關心，是古日語中沒有饑荒相關詞彙的原因之一。

養和大饑饉之前，地球暖化大約持續了五百年左右，所以饑荒狀況並不特別明顯。正因為當時地球暖化，平清盛感染了熱帶性的瘧疾而身亡；地球暖化時期結束後，平氏又因為船隻無法順風出航，而陷入貿易瓶頸。地球暖化時期結束後，帶來的最初一擊便是「養和の大飢饉」（養和大饑饉）。異常天候導致西日本歉收，東日本的農田也只生產出原有產量的六成五。東國的源氏蜂起，並在源平合戰之後，建立鎌倉幕府。鎌倉幕府初期，雖然全球已經脫離了氣溫的最低點，但氣候並沒有回升到過去的程度，地球逐漸走向小冰時期。

古川爺爺的吐嘈

「武士政權」隨著江戶幕府的落幕（1868）而結束，這段時期地球一直都是小冰期。這場寒潮，可說是由武力掌權的武家政權帶來的吧。

男がすたる
伊達男

戰國男兒變渣後的下場

戰國時代

現代日本人這樣說

當男人作出什麼令人不忍卒睹的事，就會被說「あの時、男を廃らせたな」（你那時真是丟臉啊）。身為男性，隨時都要擔心「**廃れる**」（沒有用）。日文中也有「**流行が廃れる**」（退流行）的用法，不過為什麼「**男が廃る**」（丟臉）只會用在男性身上呢？

原來是這個樣

「廃る」的語源來自「捨てる」（捨棄）。雖然這個詞彙在古代就已存在，但是「男が廃れ」、「男を捨てる」這樣的表現，是戰國末期才開始出現的。這些用詞當時只有武士社會在使用，可是「男が廃らせ」、「男を捨てる」並不是指稱打敗仗的武士，也絕對並非形容男性變性成女人或成為男娼，而是指「做出了不符合武士精神的行為之男性」。

[9]大坂の陣（大阪之役）中，豊臣這一方有一位名為「野里四郎左衛門」的武士。他負責守衛防衛用城郭「真田丸」，松江・松平家的初代族長「出羽守・直政」卻在此時攻入城內。野里四郎左衛門看見潛藏在木柵欄之間準備攻進城內的松平直政，原本已經準備好應戰，卻發現松平直政身著[10]葵紋衣袍。

包含野里四郎左衛門在內的豊臣這一方武士，看見松平直政後，全都躲入城內。

---

9 【譯註】指 1614 年冬季與 1615 年夏季，徳川氏和豊臣氏之間的兩場戰役。

10 【譯註】指葵葉形狀的家紋。江戶時代葵紋為徳川氏及親藩（近親家系）的家紋。

大阪城馬上就要被攻破，現在打下對方的大將也沒什麼意義了。只有不知情的松平直政還大聲喊說：「我は越前少将の弟、出羽守直政である。何とて敵対せぬか」（吾乃越前少將之弟，出羽守．松平直政。汝等何不應戰）？野里四郎左衛門則出來應道：「あなたはお若くもあり、勇ましい大将なので、誰も敵対申しません」（您年輕有為，且為驍勇善戰之將，無人會與您為敵）。

此時，本營傳來撤退命令，松平直政將野里四郎左衛門等人帶回營區，從自己的皮革錢包取出金幣拿給野里四郎左衛門一行人。根據記載，他們收下這些金幣後，「士をやめて、相当の町人となり、銭屋と称した」（放棄武士身分，成為成功的商人，人稱「錢屋」）——即是大阪富商「銭屋四郎左衛門」這一家族。

此處「士をやめる」（放棄武士身分）即是「男をやめる」（放棄男性尊嚴）。「男」指的是「武士」，松平直政與豊臣這一方的野里四郎左衛門私下達成協議，讓野里四郎「**男を廃らせ**」——放棄男性尊嚴成為商賈。假設野里四郎左衛門與松平直政戰鬥到底，戰死了便稱作「男を立てる」（維護了尊嚴）。這種武士就會成為「**男立て**」（保留了尊嚴）的「**立て男**」（優秀男兒），後來亦寫作「**伊達男**」（外貌出眾、有男子氣概的男子）。現在日本人使用的「伊達男」一詞，即來自於死守尊嚴的「立て男」。

歷史上相似的例子還有很多。例如[11]山崎の合戦（山崎之戰）中死守坂本城（位於今滋賀縣）的明智左馬助，他遭豊臣秀吉麾下的入江長兵衛率軍圍攻，已經做好了被攻下的準備。然而，兩人皆曾隸屬於織田信長麾下，因此有些私交，明智左馬助從[12]城櫓上對入江長兵衛大喊：「明日は討ち死にと定まった。友だち甲斐に最後の言葉を話しておきたい。幼少のころから戦場に出て、いろいろ骨折ったが、この有り様だ。明日の命もない。いくら骨折っても人の身はなるようにしかならぬ。貴公も、もう武士なんぞやめて、気楽な身分になったほうがいい。いま金子をやるから、これを元手になんなりとしたらよかろう」（我明天一定會戰死。看在我們朋友的情面上，臨終想對你說一些話。我自幼即進出沙場，奉獻所有心血在戰爭中，最終還是落得這種下場，我明天就會沒命的。我們再如何犧牲奉獻，也只能為他人賣命。你也差不多該放棄當武士了，選個輕鬆點的身分比較好。我給你一些金子，你就以此為本金，發展其他的事業吧）。

11　【譯註】又稱「山崎の戦い」，為本能寺之變後，豊臣軍及明智光秀的軍隊發生的戰役。明智光秀於此役中戰死。

12　【譯註】為了展望四周、攻擊敵軍而設置於城門及城壁上的高樓，或收納武器的倉庫。

明智左馬助語畢，丟出了裝了三百兩黃金的皮袋。入江長兵衛對這一番話，也深有感觸，在戰爭結束後，便馬上「男を捨て」，待在京都，成為了人稱「京屋」的富豪。

古川爺爺的吐嘈

「男を捨てる」比較輕鬆，「男を立てる」的「伊達男」則必須各種隱忍。「男伊達」或「伊達男」指的是嚴格克制地堅守本分與自身立場的男子。在仲夏溽暑中身著西裝繫上領帶的日本男性，也是都是強裝堅毅的「伊達男」！

ろくでなし ごまかす

原來江戶時代也有一無是處的官員敗類

江戶時代

現代日本人這樣說

老人年金的不當收領，成了社會問題。有人掩蓋合法受領者的死亡事實，持續地詐領年金。因此不少人說：「とんでもないごまかし。放置（ほうち）していた役所（やくしょ）もろくでなしばかりだけど」（這樣詐領未免太過分。任其詐領的公務單位也是無用至極！）

原來是這個樣

就是因為「**ロクデナシ**」（無用）的人太多，「**ゴマカシ**」（詐欺、以假亂真）的人才得以詐騙成功。我們先來看「ロクデナシ」的語源。漢字寫作「碌でなし」，其中的「碌」在漢語中指石頭，「碌々」則指到處都是石頭，「平凡無奇」之意。「碌でなし」照此邏輯，即是「不平凡」、「非凡的人」；但這樣一來，語意上好像不太對，原來這個漢字只是因與「ろく」同音，後來才加上去的而已。

這個詞原本似乎寫作「陸でなし」。「陸」字的漢音念法為「リク」、吳音念法則為「ロク」。例如：[13]「北陸道」念作「ホクロクドウ」，水平的屋頂「陸屋根」則稱作「ロクヤネ」。「陸」指平坦之意，「ロクデナシ」即是指個性不平和的人。「ろくな死に方をしない」指的也是不平凡、異常的死法。簡單來說，凹凸不平的事物就叫「陸でもない」。話說回來，不當受領年金的人與相關公務員在事跡暴露之前，都一副事不關己樣，被發現後，才搶著辯駁、道歉，行為舉止確實反覆異常。

有關於「**ごまかす**」的語源，有兩種說法。其一是「胡麻菓子」（用芝麻做的餅乾）——乍看之下很好吃，實際上並非如此。因此世人將「胡麻菓子」動詞化為「ゴマカス」。另一種說法，即是曾有位自稱來自高野山的僧侶，以高價販賣弘法大師的「護摩の灰」（火祭儀式後的灰燼），故稱欺瞞他人的行為稱做「護摩の灰」。我們無法判斷哪一種主張是正確的，不過「護摩」（火祭）比較容易「ゴマカス」吧？畢竟一般物品燃燒後的灰燼跟火祭的灰燼根本沒有區別。

返回原本的「詐領年金的問題」吧！江戶後期，幕臣間常使用到「御褒美寄合」一詞。其中「寄合」指的是「非役」（失去工作的人，與[14]「小普請組」相同）。「御褒美寄合」感覺上是為了獎勵（褒美）武士長期任職，而給予「寄合」——即不用工作的待遇。然而，其實江戶幕府是終身任職制度，年老後的幕臣會擔任「槍奉行」（江戶幕府職稱之一）、「旗奉行」（江戶幕府職稱之一）等「老衰場」（老人負責的工作）職務。

由此可推測「御褒美寄合」應是嘲弄性用語。人稱「大田蜀山人」的大田南畝在文政六年（１８２３）四月六日，以七十五歲高齡去世。幕府得知此事時已經是

---

13 【譯註】日本舊時的行政區之一，範圍約等同今石川縣、新潟縣、富山縣、福井縣一帶。

14 【編註】江戶時期，享保四年（１７１９）所成立的組織，是由旗本．御家人之中俸祿三千石以下的因病療養中無職者或待業中的人所組成的機構。由「小普請組支配」負責指導、監督其成員，而表現傑出的「小普請組支配」即可到幕府任職。

文政八年五月十二日。中間兩年多的時間都是「御褒美寄合」（指他人在當事人死後繼續詐領幕府之俸祿）。幕府持續供給了大田南畝兩年與生前相同的俸祿。

還有一位名為大谷木藤左衛門的旗本，家中加上御守殿（嫁給三位以上大名的將軍女兒）的俸祿，共有[15]家祿三百石、役高三百石，總計六百石收入。他在安政三年（1856年）四月以八十九歲之齡逝世，但家人卻對幕府隱藏其死訊，持續領取「御褒美寄合」的俸祿。其子雖為「御小姓番」（又稱「小姓組番」），江戶幕府職稱之一），卻因安政年間的大地震，震垮了家屋，手頭緊迫，因此持續詐領藤左衛門「御褒美寄合」的三百石俸祿。

其孫大谷木忠醇當時十九歲，剛通過「昌平黌」（直接隸屬幕府的教育機關）的畢業測驗，前途無量；但由於幕府禁止父子三代同時擔任官僚，而祖父藤左衛門是「御褒美寄合」、父親又是「御小姓番」的情況下，因此大谷木忠醇無法任職於官府，晚年僅在「昌平黌」工作了十年，便結束了一生。

這位大谷木忠醇正是以寫作「辛辣隨筆」聞名的大谷木醇堂。姑且不論他自稱「大田蜀山人的第三代」一事，看到這兩人偶然因「御褒美寄合」連接起的關係，令人不禁發笑——[16]大谷木忠醇也因此目睹了江戶幕府的瓦解。

古川爺爺的吐嘈

「御褒美寄合（ごほうびよりあい）」與年金詐領事件一樣，是只有公職人員才會注意到的機關漏洞；而這些行為最終將導致國家經濟破產。

15【譯註】家祿為依照武士家系的身分階級提供的俸祿。役高則是依照職位高低所提供的俸祿。

16【編註】因祖父是旗本，父親是御小姓番，依照幕府禁止父子三代同時擔任官僚的制度，以致大谷木忠醇無法在幕府擔任官職，也託這制度的福，大谷木忠醇才能不被捲入其中，從旁觀者立場目睹幕府的滅亡。

なんくせをつける

いばる

階級越低的武士越愛擺架子？

江戸時代

現代日本人這樣説

客服中心是企業的重要部門，但此處通常由女性來接待客戶，男性則不太出面。其理由是：「女性(じょせい)のほうがあたりが柔(やわ)らかいし、難癖(なんくせ)をつけるクレーマーが多(おお)いので」（女性的態度比較溫和，而硬是來刁難的客戶也比較多）。

原來是這個樣

將「**難癖**」（刁難）與「クレーム」（客訴）畫上等號，可就大錯特錯！來自英文的「クレーム」包含了「客戶要求應有的權利」之意，而「難癖をつける」則是「將缺點或缺陷挑出來小題大作的批評」之意。「なんくせ」漢字可以寫作「何曲」或「難癖」。不管漢字怎麼寫，「くせ」這個字的起源都相同。原意為「癖」（偏頗、不公平之事），後來延伸為「曲事」（不好的事）。而「ナンクセをつける」即是指「不管什麼事情都硬要搞成棘手的事」之意。

「**いばる**」（擺架子、聲張威勢）漢字寫作「威張る」，如字面上意思是指「威を張る」（聲張威勢）之意，不過其語源其實是「息張る」（上氣不接下氣）。群馬縣與德島縣等的方言中，會用「イバル」表現「力む」（用力、傾全力）之意，是由於人使盡全力後，會上氣不接下氣，這大概是「威張る」（聲張威勢）時，也會跟「鼻息が荒い」（氣喘噓噓）有相似之處，日文中也才以「息張る」（上氣不接下氣）來形容「威張る」（擺架子、聲張威勢）吧？

日本歷史中，「威張って」（擺架子）、「なんくせをつけた」（刁難他人）的

人。在古代是鄉下地方的官員、到了鎌倉時代以後是被稱作「地頭」（地方下級官吏）的武士，江戸時代則是武家，也就是武士；而且越下等的武士，越愛擺架子。

江戸後期，水野忠邦在推行「天保の改革」（天保改革，1841—1843）時，就曾經收過名主呈上這樣的文書：「御家人や家来の者が商店に来て、金を払わず品物を持って行くのに商人は恐怖している」（御家人和武士家僕來到商店裡，不付錢就拿走商品，讓商人恐懼萬分）。這種行為被稱作「押買」（強行購買），跟強盜沒什麼兩樣。織田信長在[17]「楽市・楽座」（市場規範）之中，特別禁止了這種「押買」行為。戰國大名也常常會對佔領地下達「押買禁制」（禁止發行購買）。可是，約在進入幕末時期的前四十年左右，此種霸道舉止又在江戸地區捲土重來。

江戸時期，「湯屋」（錢湯）的二樓是像社交場所的遊樂場。武士們會裸著身子走到二樓，從樓梯扶手向路過的女性大呼小叫、嘲弄嘻笑。不僅如此，江戸時期的幕府將軍家擁有馴鷹狩獵的特權，江戸府內設有兩處飼鷹的場所，分別由旗本内山家及戸田家負責管理。

戸田家有十二名負責照顧老鷹，被稱作「御鷹匠」的官員，内山家則有十五名。這些「御鷹匠」都是些[18]「百俵十人扶持」的小人物，但當他們摸到老鷹之後，整個人都變得不一樣了，彷彿自己統治了全世界——這些人會在無月的黑夜裡故意不拿

燈火，將老鷹放在拳頭上四處走動。遇到不知情的町人或旗本經過，這群人就會蠻不講理的大罵：「大切なお鷹を驚かせた、どうしてくれる」（你們驚擾了重要的老鷹，現在要怎麼辦），堅持要責罰對方。這種人真的是「ナンクセをつける」的典型代表。

與這些鷹匠們共同行動的「鳥見衆」（負責監視老鷹狩獵狀況的職位），只有「八十俵五人扶持」（俸祿多少的表現方式），他們負責四處在江戸近郊巡視適合老鷹狩獵的地點。追趕老鷹時，他們會毫無顧慮的踏入別人家中，一旦某地被選為鷹場，由於狩獵需要大幅走動，這些人會任意踏壞農田及田中小徑。當地村落只好賄賂「鳥見衆」，讓他們到別的地方狩獵。這群傢伙總會把握這種機會，大方收受賄賂。

17 【譯註】戰國時代至近世初期，為打破過去擁有特權的市場商業組織與體制而執行的政策。

18 【譯註】「俵」與「扶持」皆為江戸時代役米（作為俸祿的米）的計量單位。

古川爺爺的吐嘈

這些人平時仗著將軍大人的威勢，作威作福，黑船出現後卻又不見人影。江戶幕府的威嚴之所以會毀於一旦，被諸藩「難癖（なんくせ）をつける」（將缺點或缺陷挑出來小題大作的批評），也不是沒有道理的。

ブキッチョ
潰(つぶ)しが効(き)かない

沒有辦法開啓事業第二春的武士悲哀

江戶時代

現代日本人這樣說

某位提早從大企業退休的上班族悲嘆道：「どうもブキッチョだし、サラリーマンはなまじ管理職(かんりしょく)になると潰(つぶ)しが効(き)かない」（我這樣的上班族本來就沒什麼能力，硬當上管理職之後根本就無法做其他工作了）。此人也是位豪傑，他在重新就職的面試中被問到「何(なに)が得意(とくい)ですか」（有什麼專長），居然回答「部長(ぶちょう)ぐらいなら」（當部長之類的）。

原來是這個樣

「**ブキッチョ**」（沒用、沒有能力）一詞由「不器用」轉訛而來，大約出現於江戶末期。它是「器用」的反義詞。「器用」指的是鍋碗瓢盆等，日常生活中「使用的器具」。原指有各式功用的道具，後來轉變為「有派得上用場的才能」之意。早在鎌倉時期，人們就使用開始使用這個詞彙了。

這個「器用」到了戰國時代，也被用來形容不管什麼事都很擅長，很好用的下屬。現今日語中的「器用貧乏」（形容人有很多專長卻一生窮苦）也是從這個語意發展而來。其反義詞「不器用」則被加上跟「太っちょ」（胖子）、「ちびっちょ」（小不點）一樣帶嘲諷性的語尾「ちょ」。

「**潰しが効く**」這個詞，指的是將金屬物件融化後重新做成新的器物。「**潰しが効かない**」就是不能回收再利用的意思。江戶時代最「不器用」、「潰しが効かない」的，即是武士。

位於弘前（位於今青森縣西部）坐擁四萬七千石[19]石高的津輕藩（即弘前藩，藩廳位於弘前城），因為農作歉收嚴重，於元祿八年（１６９５）大量遣散家臣，加上隔年遣退的人數，總計解僱了一千六百名武士。其中有四十六名原本在江戶城工作，因此弘前城下[20]大約聚集了一千餘名失業武士。聚集在城下的失業武士過於喧嘩吵鬧，於是藩府在隔年祭出命令「城下に居てはならぬ。親類縁者の援助で農耕せよ」（不得待在城下町，請尋求親朋好友協助種植作物）。對農業一竅不通的武士，只好藉由幫親友汲水、砍柴勉強餬口。

一位名為橫島彥太夫安房武士來到了大根古（今青森縣西部田舍館村），卻不會做任何農務。這位武士平常的三餐由「庄屋」（統轄村內事務者）供應，卻不論早晚腰間都插著大小兩把刀劍，擺出威風堂堂莊嚴無比的態度。「庄屋」的脾氣再怎麼好，仍會惱火不已。他對武士說教道：「渡世もできぬと困った人じゃ」（沒法養活自己的人，只會給別人添麻煩）。橫島安房聽到此言，當下死命壓抑住了伸手拔出腰間刀劍的衝動。

還有一位俸祿原有石高二百石的館美伊太夫雖然有想幫忙「庄屋」，但什麼事都

19　【譯註】指農地的收穫量。也是計算年貢、勞役的基準。
20　【譯註】指「城下町」，以領主的居城為中心發展出來的周邊市街。

不會做，最終被開除了。其妻為了餬口，開始向村中孩子兜售烤年糕。見到愛妻拼命賣笑，兜售商品，伊太夫也想要助她一臂之力。他於是揮著有朱紅刀鞘的大太刀，大聲怒吼：「さあ焼きモチ買うた、買うた。さあ食らわんか」（來買烤年糕吧、來買啊！來啊！不來吃吃看嗎？）——結果嚇得大家不敢上門買烤年糕。

只不過這次的大裁員有其不公之處。藩府解僱了剛毅的武士，卻留下享樂之徒。其中最有代表性的即是棟方長九郎和三橋牛之助兩位。這兩人熱衷賭博，將「刀」（武士刀）及「脇差」（腰間小刀）都變賣出去，不知不覺窮困得身無半縷。因為連「裃」（日本男子和服正裝）都沒有，根本無法登城參見大名。只好裝病請假。

組頭（隊長）仔細想想覺得不太對勁，命棟方長九郎到自家家中，當下硬是被嚇了一跳。當時是隆冬二月上旬，長九郎不知道在想什麼，竟然只穿一件破爛單衣，繫著從榻榻米撕下的緣條代替腰帶，沒帶任何佩刀的前來謁見。組頭驚愕之餘，便下令將他逐出弘前城方圓五里之外。另外一位三橋牛之助雖然佩戴了相當於武士之魄的「脇差」（腰間小刀），但是組頭總覺得三橋的小刀越看越奇怪，於是命人把刀拔出檢查，發現只有刀柄看似正常，刀刃卻只有二、三寸（不到十公分）。這把小刀看起來跟菜刀差不多。

古川爺爺的吐嘈

不知為何，三橋訂做了一把拔出來跟菜刀一樣的怪異「脇差」（腰間小刀），但我們唯一可以知道的就是——武士全都是「**ブキッチョ**」（沒用、沒有能力）又「**潰しが効かない**」（無用、無法派上用場）而已。

もったいない
匙を投げる

富士山一爆發，幕府將軍也只能雙手投降？

江戸時代

現代日本人這樣說

最近「**もったいない**」（浪費、可惜）一詞被頻繁濫用。另外，由於商人總是製造壞掉了就無法修理的物品，真是讓人「**匙をを投げたくなる**」（想要放棄、束手無策）。

原來是這個樣

「**もったいない**」漢字為「勿体ない」，以前則寫作「もったいなし」。其中關於「勿」這個字的語源有兩派說法：一派認為「勿」是「物」的簡寫；另一派則認為這個字來自「なかれ、なし」（禁止）。不管是哪一種說法，這個詞原本都是「**ものの体なし**」（物品沒有應有樣貌）之意。「体なし」指的是「事物不具備應有的模樣、價值，不好用的樣子」。

「もったいない」一詞在平安時代就已存在，原本是用在形容對身分高貴者或神佛的態度或心態有所不敬。指做事有缺失、萬分惶恐之意。到了江戶時代，語意轉變為「丟棄可用的東西、使用沒必要的物品、不發揮有能者的實力」之意。可是，現今常用的「もったいないお言葉」（令人惶恐的高度稱讚），還是來自原本的語意。

「**匙を投げる**」（投降放棄）的語源，與字面上一樣就是丟掉湯匙之意。平安時代的貴族在吃飯時常會使用湯匙，不知何時才開始慢慢以筷子取代。現在還在用的湯匙類餐具，只有大型的**杓子**（湯杓）和**レンゲ**（中式湯匙）；應該說「湯匙」這東西以一種具有特殊功能的道具樣貌，被流傳了下來。例如：茶匙（舀取抹茶粉用小杓）、香道中的香匙[21]（舀取香料用的小匙）與醫師的藥匙（分裝藥粉用的小匙）等。一般人最常見的應該還是醫師的藥匙吧？

大名的醫師被稱做「**オサジ**」；因此俗話說：「生かすも殺すも匙加減」（是生是死都取決於醫生）。「匙を投げる」即是從醫師的藥匙而來，意思是「已經不能期待藥會有效果」，只能「把藥匙丟掉」投降——用來形容狀況極端惡劣。聽說五代將軍綱吉就因為富士山噴火而「匙を投げた」（舉手投降），而參與六代將軍執政的新井白石則做出了「勿体ない」的事而飽受批判。

此事件源於宝永四年（１７０７）十一月二十三日，富士山[22]六合目東南面突然噴火。噴火持續了二週以上，一直到十二月八日深夜才停止。山麓上的村莊被火燒毀、被灰掩埋，火山灰在駿河（位於今靜岡縣一帶）、相模（位於今神奈川縣）、武蔵（大約為今東京都、埼玉縣及部分神奈川縣）帶來了前所未見的損害。

覆蓋於江戶上空的火山灰將白日變為黑夜，化為黑砂落在屋頂上。幕府遭受莫大損失，於是向全國大名課徵復興資金。此時播磨三木（今兵庫縣三木市）的町民越過地方官向政府陳情，說在富士山噴火的這五十日之間，西國各地區東海道（今本州太平洋測東部）及南海道（今紀伊半島、淡路島、四國一帶）沿岸皆因巨大地震（規模8.6）造成房屋倒塌、山崩、海嘯等重大災害。綱吉將軍聽聞此事，絕望至極。在兩年後逝世，共在位二十九年。

遭受毀滅性災害的小田原（位於今神奈川縣）被改為幕府的直轄領地，由關東「代官」（支配幕府直轄地的地方官）伊奈半左衛門忠順負責處理災害重建事務。幕府集結了四十八萬兩的重建資金，卻只使用十六萬兩。受災地陸續有民眾餓死。伊奈忠順請求幕府提供儲藏起來的白米，幕府卻不答應。忠順因此一意孤行開啟駿府（位於今靜岡縣）「代官」倉庫中的米倉，將儲備的一萬三

千多石白米分發給各村落的窮苦民眾。結果多數農民因此得救，由新井白石領導的幕府卻氣憤的將伊奈忠順罷免。伊奈忠順早已做好覺悟，自戕身亡。此事發生於正德二年（1712）二月底。

21【譯註】根據《広辞苑》，「香匙」發音應為「きょうじ」。

22【譯註】富士山的每一條登山路徑，皆自登山口至頂峰，被分成「十等份」，依序稱作「一合目」至「九合目」（只有頂峰不以「合」稱之）。以「合」來稱呼「登山道」的緣由，眾說紛云。有一說認為富士山的外型像堆成小山的穀物，故富士山又有「穀聚山」之別名。因此登山道也以測量米穀的單位「合」（一合為十分之一升，整座山加起來，剛好一升）來命名。

古川爺爺的吐嘈

因伊奈忠順（いなただのぶ）切腹自殺而驚駭不已的幕府，擔心此事會對農民產生影響，所以對外宣稱伊奈忠順（いなただのぶ）是「病死」，並讓其養子伊奈忠達（いなただみち）繼承家業，繼續災區的重建工作。只有伊奈忠順（いなただのぶ）知道政府將人命「勿体（もったい）ない」（隨意浪費），而其死亡對這些窮苦人民來說，也是「もったいない」（萬分惶恐）的事啊。

しのぎをけずる
泥仕合（どろじあい）

江戸時代的主上老闆其實也很任性！

江戸時代

現代日本人這樣說

我們平常可能會說：「彼女（かのじょ）にめぐって二人（ふたり）がしのぎをけずっているが、どうも泥仕合（どろじあい）になりそうだ」（有兩個人為了她針鋒相對，好像要演變成互相抹黑揭瘡疤的樣子）。可是，運用「**しのぎをけずる**」（削去刀鎬，形容爭執激烈）這個日文表現來描述情感糾紛，其實不太合適；可能會被誤會這兩人真的在拔刀相對。

原來是這個樣

「**しのぎを削る**」指的是激烈的爭鬥。「しのぎ」漢字寫作「鎬」，指的是刀刃與刀鋒中間稍微凸起的稜線。此部分是為了補強刀身，讓刀可以「しのぐ」（承受）對方武器的打擊而存在。刀劍對戰中，打得火花四散時，有可能會激烈到導致「鎬」的部分被削掉。因此激烈的爭鬥被稱作「鎬を削る」，指的就是「つばぜり合い」（以刀承受對方刀劍攻擊的激烈戰鬥）一般的激戰。這個詞出現於日本南北朝時代。

「**泥試合**」（互相抹黑、揭瘡疤）乍看會覺得是從運動比賽衍生出的近代詞彙，不過這個字正確應該寫作「泥仕合」。它來自江戶時代的歌舞伎（歌舞伎）用語。

為了讓演員的演出更有魄力，歌舞伎表演會在舞台放上泥巴，搭建出泥溝或泥田場景。演員在佈景裡渾身泥濘地表演著，即為「泥仕合」。到了江戶末期，這個行話十分普及，一般市井小民都會使用，語意變為「泥を塗り合う醜い人間関係の争い」（像互相抹泥水一般難看的人際爭執）。江戶時代是個上至大名下至小村落，到處都會發生「しのぎ削って泥仕合をする」（針鋒相對、互相抹黑）事件的時代；由於此時代的價值核心在於禮法與身分，自然而然地便容易引起爭執。

以「大名」為例，幕府中的重要職務皆是由「譜代大名」擔任，「外樣大名」在身分層級上，次人一等，總感屈辱。於是「外樣大名」為了要任職於幕府，而欲成為在幕府中有一席之地的光榮人物——這便是「願い御譜代」大名的由來。「願い御譜代」指的是：「大名」以高額禮物賄賂幕府要員，並提出「御譜代願い」，要求得到與譜代大名相等的官位。可是，[23]這個役職所需的費用必須由大名自掏腰包負擔。對於自家家主的宏願，家臣們只感到麻煩至極。畢竟這麼一來，原本不多的俸祿，就會變得更少了……

江戶幕府五代將軍綱吉時代，肥前平戶（今長崎縣平戶市）的松浦肥前守棟是第一位「願い御譜代」，松浦家也因此陷入財政困難，但是歷任家主還是不滿足於擔任江戶城外城郭的門番（守門職務），為了升官而頻頻地拜訪幕府老中（江戶幕府最高職位；相當於現今的總理大臣）。當然，每一次都不是空手去。

播州竜野（今兵庫縣龍野市）年俸五萬七千石的脇坂淡路守也是「願い御譜代」，他因寺社奉行（管理宗教佛寺、神社的職務）一職名聲大噪。他曾對破了色戒的僧侶處公開鞭刑，因此成為僧侶天敵一般的人物。由於脇坂淡路守行進隊伍之

23【譯註】擔任幕府役職時，會需要負擔僕役、服裝、房屋、交際等費用，花費相當巨大。

首所持的長槍是以「貂の皮」做槍鞘，因此他再任寺社奉行時，出現了這樣的[24]「落首」：「また出たと　坊主びっくり　貂の皮」（又出現了僧人皆驚愕貂皮槍）。

第十二代將軍家慶的御側御用人（相當於將軍親信職務），老中格（職階等同老中）的信州飯田（今長野縣飯田市）堀大和守也是「願い譜代」。只不過堀大和守家的收入明明只有二萬石，要怎麼擠出升官費用呢？其實是擔任「金座」（負責鑑定、檢核金幣的職務）的後藤家負擔了堀大和守所需的費用。此事被暴露出來後，後藤家被處以斬刑，堀大和守則是被幕閣官員們彈劾。果然政治家要透過贈收賄往上爬這點，從古至今都沒有改變呢！

越前丸岡（位於今福井縣坂井市）收入有五萬石的有馬遠江守也是藉由「願い譜代」成為「老中」，卻也因此財務困乏，就算將家臣的俸祿都減半，仍舊捉襟見肘。「家老」（家臣中的長者）們聯合提出了「御役御免を願い出るように」（希望您可以婉拒這個職位）的請願，家主則哭喪著臉說：「三度の飯を二度に減らしても務めたい」（就算一天從吃三餐變成吃兩餐也要繼續做下去）。

古川爺爺的吐嘈

此後，家主跟家臣們陷入了「しのぎを削って争い」（針鋒相對的爭吵）和「泥仕合」（互相抹黑）。有馬家主在對官職的執著及窮苦生活的兩難之間徘徊，最後在元治元年（1864）自殺身亡。當時正值江戶幕末，日本也正走向窮途末路。

24【譯註】故意散落在地上，或貼在容易被人看見場域的詩歌形式。通常以對政治社會的諷刺批評、譴責知名人物的、嘲弄權力者等作為內容。

| あいさつ
挨拶 | じっこん
昵懇 |

江戸外交官也有濫用機要費用的嫌疑？

江戸時代

現代日本人這樣說

「通勤（つうきん）の時（とき）にいつも会（あ）うので、挨拶（あいさつ）してみると不思議（ふしぎ）なものだね。いつの間（ま）にか昵懇（じっこん）の間柄（あいだがら）のようになってる」（因為總是在上下班路上遇到他，打了招呼後，不知不覺間就發展成這樣親近的關係了，真是不可思議）。

雖然「挨拶（あいさつ）」（打招呼）可以使人際關係圓滑，不過近年來，打招呼似乎變成教育中強制規定要做的事。因此發生兇殺事件時，年輕兇手周邊的鄰居都會不解地說：「道（みち）で会（あ）えばキチンと挨拶（あいさつ）をする良（い）い子（こ）なんですがね。まさかあんな……」（他明明是路上遇到人會乖乖打招呼的好孩子啊，怎麼會這樣……）。

原來是這個樣

「挨拶」一詞最早是鎌倉時代禪宗傳入後開始使用。臨済禅（禪宗流派之一）《碧巌録》的一節提到：「一挨一拶、深浅を見んことを要し」（一挨一拶。要見深淺。此處指的是禪宗問答應酬，以互相檢驗修行之深淺）。此處的「挨拶」是指「師父與弟子之間的問答」。

日本中世之後，「挨拶」這個詞彙被廣泛使用，用以表示「對話」、「書信往來」之意。室町時代之後，則會說：「人の挨拶大事なるべし」（人與人的問候應是重要的）——此時的「挨拶」廣泛地用來表現社交問候的意思。而後演變為與現今相同，表示「回敬、回禮、交際」之意。

漢字中的「挨」意指「推擠」，「拶」是「逼迫」之意；二字合起來，則為「強行逼迫找到出路」的意思。因此到了江戶時代，這個詞開始帶有「照顧、介紹、調解、仲裁」的涵義。例如：「ひとこと、俺が挨拶をしておくから心配するな」（我會先調解一下，不用太緊張）這種說法，就是江戶時代以來使用於表示仲裁情況的「挨拶」。我們雖然還會用「挨拶よし」來表現人際關係好。然而，現今留存的用法還是以表現「交際禮儀」居多。

以江戸城為中心，全國的大名都在江戸設有居所，因此使者必須要穿梭於居所間，代表自己所效忠的主君進行季節性贈禮；或是[25]「参勤交代」時，所進行的参府（大名到江戸謁見將軍）的問候等。這些「挨拶」會因為家族地位不同，而出現許多不同的繁文縟節，偶爾會因為「挨拶」的使者該使用哪一個出入口這種問題，差點造成大名之間針鋒相對。

安政五年（1858）五月，水戸徳川家的使者拜訪松代俸祿十萬石的真田家。使者按照儀禮問候，卻在準備返程時發生了爭執。水戸的使者怒道：「[26]御三家の使者は、訪問時には正面の潜り門から入るが、帰りは正門を開いて送り出すのが礼法でござる。開門しない真田家は無礼だ」（御三家的使者在拜訪他人住屋時，是從正門的小門進入沒錯。可是按照禮儀，回程時你們應該要開正門送我們出去才對。不開正門的真田家太無禮了）。

曾官至老中的真田家也不願退讓，表示：「使者は潜り門から出入りするのが当家の家格である」（讓使者從小門出入是我們家的禮儀規定）。高傲的水戸家使者憤怒的丟下一句：「それならば先程の口上は取り消す」（那我收回剛剛的問候），便離開了。兩家關係陷入危機，真田家雖向水戸徳川家提出了和解，卻被對方一口回絕。

此時輪到御留守居役（即「留守居」，相當於現今的外交官）登場。由七家留守居組成的團體集結起來開會，核對各家對御三家使者的禮儀規範後，發現同等級的大名之中，除大和郡山柳沢家之外，其他家族的禮法都與真田家相同。留守居團體帶著這份記錄文件說服了水戶德川家，讓其同意和解。

為了應付這種狀況，江戶的留守居會與各藩等級相同的留守居結成團體，聚集在茶屋，互相蒐集幕府的動向等資訊。因此留守居的交際費大約是二百兩至五百兩，據說較大的藩可能會多達一千兩。這筆錢相當於現代外務省（相當於臺灣外交部）的機要費，所以實際金額不明。

新來的留守居首先要向團體成員「挨拶」。習慣上，必須在遊女屋招待其他藩的留守居前輩，隔天早上再分別向還跟遊女睡在一起的前輩們問早。據說這麼做，才能跟前輩變得「**昵懇**」（親近）。「**昵懇**」指由「昵」（靠近、貼近）和「懇」（真

25【譯註】德川幕府規定，諸大名必須要在固定期間到將軍所在的江戶城內謁見主君。此規定被認為是達成中央集權最有利的手段。

26【譯註】德川將軍家親族的尾張、紀伊、水戶三支家系合稱「御三家」。在江戶幕府中備受禮遇。

摯、包含真心的）二字所組成，意指「表示人與人之間變得親密且安心」。按照這樣的規矩，讓留守居也跟遊女變得「昵懇」了起來。

古川爺爺的吐嘈

當藩府財政緊縮，打算取消留守居在遊女屋的會面時，留守居竟以奇妙的邏輯大罵：「それでも武士か！」（這樣還算武士嗎）？留守居以外交官身份使用機要費，一邊蒐集情資，一邊在買春。這行為跟現代人有什麼差別呢？

下手人（げしゅにん）

日本的「下手人」眞的是指「下手的人」？

室町時代

現代日本人這樣說

大家在時代劇中應該常見到這種場面——單手握著十手[27]，奉行所（奉行辦公的廳署）的「同心」（武士階級之一，下級武士）歪著頭說道：「さて、下手人は誰か？」（所以，犯人是誰呢），而他身旁的目明し（受委託搜查犯罪者的人）則在一旁應和。

「**下手人**」指的是犯人，這群人其實是用嚴肅的表情在問一些沒意義的問題。

27 【譯註】近世捕吏所使用的鐵棒。靠近持柄的部分有一個彎鉤。

讓人忍不住想對他說：「それがお前の仕事だろっ！」（找出犯人應該是你的工作吧）。可是，如果回溯「下手人」的語源，便會發現這個詞彙確實必須嚴肅以對。請別驚訝！過去所指的「下手人」其實並不等同「犯人」。

原來是這個樣

「下手人」原本寫作「解死人」或「下死人」。室町時代永享十三年（１４４１）正月，守護大名（室町時代支配領地的守護職）大內持世的僕役被赤松滿政的僕役砍殺。被害者的家主大內持世憤怒至極，因為赤松滿政根本不是守護大名，其手下卻砍死了自己的手下，這件事可說是玷汙了自己身為守護大名的榮譽與威嚴。大內持世立刻率軍衝往赤松滿政的宅邸，正準備發動復仇攻擊。千鈞一髮之際，室町幕府的管領（輔佐將軍管理政務者）介入協調，讓赤松向大內交出「解死人」，以化解這次衝突。

這個「解死人」並不是指砍殺大內僕役的兇手，而是從赤松家的眾家僕中挑個適合的人，來作為「解死人」——代替兇手被送到大內家。你可能會以為這個「解死人」會就此喪命，不過由於「解死人」是替身這點在當時是常識，因此對方也只會「看看解死人的臉」就放他離開。「解死人」等於是消除對方復仇情緒的象徵性存在而已。

此事件過了十年之後，宝德三年（1451）管領畠山持国的「被官」（武士階級之一，下級武士）無緣無故殺害了「侍所」（幕府官職之一，負責監察武士）京極持清的「被官」。雖然京極向畠山抗議了，卻沒得到任何回應。京極怒髮衝冠，又打算襲擊畠山，此時畠山的親戚出面調解，讓畠山交出一名解死人。只不過被復仇情緒沖昏頭的京極，當場就將畠山派來的解死人砍殺了。

其實這種解死人受害事件，屢屢可見。例如：上杉氏與武田氏在鎌倉發生爭執後，上杉這一方有人被殺害。當時武田氏派出解死人向上杉氏賠罪，但無法控制怒火的武田家被官卻把上杉氏派出的解死人砍死——但「解死人」明明只是代表犯人的象徵性存在而已啊。之後「解死人」被殺成為慣例，漢字也被寫作「下死人」，到了江戶時代又被稱作「下手人」，成為處刑的對象。

那麼大家在時代劇裡看到的「江戶町奉行所」到底是不是抓真正的「下手人」——也就是「真犯人」來處刑呢？根據歷史記錄，放火事件的兇嫌幾乎都被逮捕，處以火刑。你可能會讚嘆奉行所優秀的搜查能力！可是，幕末「外國人殺害事件」

的搜查成績，就不免令人滋生疑竇。幕末安政六年（１８５９）七月至万延元年（１８６０）十二月，大約一年半的期間共有六名外國人遭殺害，之後的三年又發生了五件，總計十一件殺人案。「下手人」皆不明，幕府也因此陷入困境。

由此可見，江戶幕府的搜查能力是不靠譜的！幕末惡名昭彰的旗本武士[28]青木弥太郎就曾證言：「火付け盗賊の犯人は証拠をデッチあげられ、拷問に耐えかねて、たいていの者は無実の罪に服す」（放火及竊盜的犯人大多是被強行捏造證據，受不了拷問，才承認無中生有的罪行）。

古川爺爺的吐嘈

也就是說，江戶町奉行所根本也是處刑「解死人」而非真正兇手；也難怪奉行所的同心（下級武士）的表情會如此沉重。恐怖的是，也許某處的地檢署特搜隊現在也在做這種事呢！

お払い箱（はらばこ）　さしがね

江戸時代的人愛用演藝界的行話？

江戸時代

現代日本人這樣説

現在的日本人還是常用到「**お払い箱**（はらばこ）」（丟掉不用的事物）、「**さしがね**」（暗中操作）等詞語，甚至可以說，這些日文詞彙所指稱的語意越來越廣泛，廣泛到幾乎令人感到困擾的地步了。「お払い箱（はらばこ）」不是指想要「クズーい、お払い（はら）」（丟垃圾）而特別走到垃圾桶邊去丟垃圾的意思。這個詞彙是來自伊勢神宮（いせじんぐう）「御札配り（おふだくば）」（發放神符）的傳統——最早可回溯至江戸後期。

28【譯註】青木弥太郎（生卒年不詳），幕末時期的旗本武士，亦為盜賊。

原來是這個樣

每逢年末，伊勢神宮的御師（負責處理神社參拜等事務的神職人員）會背著「お祓い箱」（除去災厄的箱子），徒步拜訪信眾的住家發放御札（神符）。由於信眾每年都拿到新的神符，並將舊的丟掉，因此「お祓い箱」成為「**お払い箱**」（丟東西的箱子），後來演變為「捨棄」、「開除」之意。這原本是深川（位於今東京都江東區）的藝妓或歌舞伎業界使用的行話，後來被大眾廣泛使用。

「**さしがね**」一樣也是來自芸能界（表演藝術界）用語。在人偶演出時，傀儡偶手臂上連接的棍狀物——即「差し金」——只要拉動綁在棍子上的線，就能操作人偶的手腕或手指。當然，這原本也是業界暗語，後來演變為一般大眾所知道的「暗中有人在操弄」之意。江戶後期的日常對話中，經常用到芸能界行話，日常生活裡也充斥著虛有其表的作戲表演。其中最具代表性的該屬「武家社會」。

在武家的[29]「奉公人」（在武家裡負責打雜的下級武士或僕役）會被隨意「お払い箱」」（丟棄不用），而且開除這些下級武士也完全不會考慮到對方往後的人生。這邊要介紹一個在譜代大名土浦（今茨城縣土浦市）藩主土屋能登守的江戶居所裡工作，名為甚七的中間（下級僕役、僅配帶腰間小刀）的故事。

甚七生於尾張春日井郡（位於今愛知縣西北部）小田井的某個村落，自幼失去雙親，八年前失去兄長，只好寄住於村內熟人的家。甚七十九歲時，隨同鄉的人一同到江戶工作賺錢。他經仲介的介紹成為土浦藩主土屋能登守江戶居所裡的僕役，他勤奮工作了整整六年，卻在天明四年（１７８４）七月份，因生病而被「お払い箱」（開除）」。仲介為他籌來一些旅費，讓他回去故鄉春日井。甚七舉目無親，好在村民親切熱情，讓他借住家中。甚七僅僅花了二個月，在同年九月便痊癒，再度回到江戶。

九月中旬，甚七到了江戶，飢餓不已，想找過去的同事拿點食物，便走向土浦藩主土屋能登守的宅院。大約在下午六點，他抱持久違的心情到達了土浦藩主的宅院，當時家中的武士約有二、三人，甚七擺出一張無辜的表情順利地混進屋內。當他走到熟悉的僕役房，一問才嚇了一跳，過去的同事全都不在了。僅僅二、三個月期間，所有僕役都被換過一輪了。走投無路的甚七想到了一個方法，打算就這麼在

29 【編註】一般會用「武家奉公人」來統稱這些在武家從事打雜或限時派遣的下級武士或僕役；如「徒士、足軽、中間、小者」等。

屋內待到深夜，趁夜深人靜之時再偷點什麼東西走——畢竟他對這個家知之甚詳。

甚七在丑三つ時（凌晨二點至二點半）起身，走進湯殿（浴室）門內，偷了一件晾在裡面的浴衣披在身上。正準備打開浴室入口的門的時候，就被因騷動聲而前來查看的人壓制住了。因甚七正披著偷來的浴衣，也找不到藉口開脫。從南町奉行所趕來的同心（下級武士）在門前活捉住他。

武家沒有以浴衣竊盜案處理，而是宣稱他：「鍵をこじ開けて、忍び入った」（撬開門鎖，潛入屋內）。因為如果不這樣裁決，會讓譜代大名沒有面子。針對這裁決結果，甚七也沒有任何反駁——應該是想起自幼的種種不幸，已經放棄了吧？經過評定所（江戶時代的審判機關）的同意，甚七被判定：「ふとどきの至極につき、御定めのとおり死罪おおせつけそうろう」（因此人十惡不赦，依法判死罪）。只因一件浴衣就丟掉小命的甚七，真是個可憐的案例。

俸祿不多的譜代大名，為了節省家臣的人事費用，常將中間、小者（兩者皆指下級武士、僕役）當作短期勞工，輕易就將他們「お払い箱」（開除）——藩士（侍奉藩主的武士）為了維持自己的俸祿，而「さしがね」地指使別人開除這些人的。

古川爺爺的吐嘈

縱使現代人遺忘了語源，詞語的意思仍然不會改變。真令人感到既羞愧又憤怒啊！

まぬけ さわり

爲什麼江戸時代的社會這麼適合拍「小人物悲喜劇」啊？

江戸時代

現代日本人這樣說

「カラオケで、『さわり』だけやれ、なんてまぬけなことを言う」（他在卡拉OK叫我只唱「高潮部分」，說什麼傻話啊）。這句話裡面一共用了三個藝能界的業界用語，而且現代日本人完全無視了它們的語源都來自不同時代。

原來是這個樣

「カラオケ」（卡拉ＯＫ）是[30]四十幾年前的電視圈用語。歌手在錄音室裡，聽錄好的伴奏帶邊演唱，跟現在我們在唱カラオケ沒什麼兩樣。「カラオケ」正是來自「空オーケストラ」（沒有實體的樂團）。

「**まぬけ**」（愚蠢的、沒常識的）來自「間抜け」。業界稱演出時掉拍、走調為「間が抜ける」，而後流傳為一般大眾的用語。這個詞誕生於元祿時代，因此「間抜け」是江戶中期的用語。

「**さわり**」（高潮部分）一般指「最有趣、感動的部分」。這是來自[31]「浄瑠璃」及[32]「義太夫」業界的行話，指的是在最動人、醞釀悲傷氣氛的橋段，加入特別的旋

30【譯註】本書原作出版於2010年。

31【譯註】在室町中期興起的故事性樂曲之一。室町末期浄瑠璃開始搭配傀儡偶進行演出，大受當時民眾歡迎。

32【譯註】又稱「義太夫節」，為浄瑠璃的流派之一。作品中加入當時的流行曲及歌謠，比起舊有的浄瑠璃擁有更豐富的內容。

律來吟唱。這個特別的旋律，並不是取自義太夫(ぎだゆう)或浄瑠璃(じょうるり)的正統曲調，而是將其他樂曲的傳統旋律重新編曲後，拿來做為重點段落。因此也有「他に障る(ほかにさわる)」（妨礙他人）之意；如果在現代，就像J—POP歌手在高潮橋段使用了演歌旋律一樣。這個最重要的「障り(さわり)」不知何時變成「さわり」，成為現今「最引人注目的部分」、「重點」的意思。

江戸時代由於娛樂不多，因此藝能相當盛行。官方只許可歌舞伎在江戸、京都、大阪三地演出。其餘地區只有特殊狀況才會舉行演出。現在雖然還留存有「村芝居(むらしばい)」（農村戲劇表演）文化，這是源於過去在村內公務人員的默許、或有力人物協助下，特別於祭典時邀請巡迴表演的劇團前來演出的活動。還有村中年輕人也會玩樂性質地模仿歌舞伎表演，這也是「村芝居(むらしばい)」的前身，但是包含江戸城在內，武家全體嚴禁觀戲。

即便如此，還是曾有喜歡三味線(しゃみせん)（日本絃樂器之一）的旗本(はたもと)武士，會在小普請(こぶしん)組(くみ)（無職）的閒暇時間到芝居小屋(しばいごや)（劇場）拉三味線。事跡敗露後，遭到改易(かいえき)（沒收俸祿）的懲罰。正因在江戸時代歌舞伎是最受矚目的表演藝術，許多歌舞伎術用語，才會成為大眾的日常用語。

其中最有代表性的，應該就是「黒幕(くろまく)」（不露面而在背後操縱局勢的人）吧？

江戶前期寬文四年（1664）[33]市村座進行的「今川忍車」（歌舞伎劇目之一）公演，在第一次更換場景時，他們使用了黑色布幕，這個布幕相當於電影的淡出（fade out）效果。之後在後台負責向演員指示台詞、演出，頭戴黑頭巾的人，也被稱為「黑幕」。慢慢的，「黑幕」一詞被用來稱呼背地下指令的人物。

「歌舞伎」在江戶與「吉原」（遊廓）並稱為「惡所」（不良場所）。因此可以賺入3千兩之多的當紅演員，也屢屢在[34]「享保の改革」、「寬政の改革」、「天保の改革」等有政治肅清的時候，遭受到慘重的迫害。由於江戶城[35]大奧也有歌舞伎迷，所以幕府在天保改革時，徹底取締了歌舞伎演員。

33【譯註】歌舞伎劇場，為江戶三座（三個擁有演出許可的劇場）之一。

34【譯註】享保改革、寬政改革、天保改革合稱江戶幕府的三大幕政改革。

35【譯註】江戶時代，幕府將軍妻妾的住居。

古川爺爺的吐嘈

例如：[36]中村（なかむら）歌右衛門（うたえもん）因為去觀賞相撲而被「手鎖（てぐさり）」（上手銬限制行動），澤村（さわむら）宗十郎（そうじゅうろう）則因為不小心忘了[37]「編笠（あみがさ）をかぶる」（戴斗笠）在市內行走而被處以三貫文罰金。尾上菊次郎（おがみきくじろう）、板東（ばんどう）しうか、吾妻藤蔵（あづまとうぞう）三位女形（おやま）（旦角）則因進去澡堂的女浴池而被處罰。不論三人究竟是「間抜け（まぬけ）」（犯傻、愚蠢），還是有意為之，女浴池的客人大概都嚇了一跳而引起騷動——但這應該是令人心花怒放的騷動。這邊介紹的，只是演員們奇聞軼事裡「**サワリ**」（最有趣）的部分而已。

36 【譯註】中村歌右衛門，江戶中期歌舞伎演員。由於日本古典藝能有繼承師傅、父兄之名的傳統，此處生卒年符合天保改革者可能為第三代或第四代。

37 【譯註】根據記載，當時的演員被當作與乞丐一樣低等的存在。天保年間規定演員必須要配戴編笠在路上行走。

どさくさ
どさまわり

「どさまわり」就是繞「佐渡島」倒著跑？

江戶時代

現代日本人這樣說

日常生活裡，可能會聽到有人被大罵：「どさくさに紛れて、とんでもないをするやつだ」（你還真是趁亂做了不得了的事啊）。如果背景是大企業的話，一旦被發現趁亂做壞事，上司則會說：「しばらく、どさまわりしてくるか。北海道の営業所あたりか」（你暫時調職到遠一點的地方吧？北海道事務所之類的）。

「**どさくさ**」（混亂狀況）跟「**どさまわり**」（調職到偏遠地區）的「ドサ」是什麼意思呢？在最普遍的語源說法中，「どさくさ」這個字，依照時代的不同，在用法及語意上也會有微妙的差異。

原來是這個樣

徳川家康時代有葡萄牙傳教士駐日，根據慶長八年（1603）出版的《日葡辞書》中的記載，這個字是「あれこれとせわしく働く、混乱して騒いだりするさま」（忙著做各式各樣的工作，混亂躁動的樣子），指「非常混亂、忙碌勞動」。

到了井原西鶴身處的元禄時代，語意則變為「混雑して騒々しいさま。取り込んでいる状態。ごたごた。混乱」（混雜吵雜的樣子；忙亂的狀態；無秩序；混亂）。這時原本「工作、勞動」的語意消失不見了。語意上之所以起了些微的變化，其實和「語源」有關。因為「**ドサクサ**」來自於特定團體間的暗語。

「**どさ**」是將「佐渡」（今新潟縣佐渡市）倒過來說，「**ドサクサ**」指的就是「佐渡クサイ」（像佐渡一樣的）。佐渡島以金礦山聞名，當地人為了開採金礦而忙碌不已。人們在地面上及礦坑中挖掘礦脈，將岩石粉碎，只採集其中的金子。也有人負責在含有礦脈的山中挖掘洞穴、一邊用木材補強坑道，一邊將舊坑道裡湧出的水抽出。徳川家康派任大久保長安擔任金山奉行時，當地則會將挖掘出的岩石打碎後與水銀混合，抽取出金子來；總而言之，雖然大家很忙，但很賺錢！因此抱著金礦發財夢的礦業人士都來到佐渡，當地甚至連當地的花街都熱鬧不已。

這時的ドサクサ跟《日葡辭書》上的記載一樣，正是指「忙碌勞動、混亂嘈雜的樣子」。包含負責抽取礦坑水的勞工在內，在金山開採金礦的工作都屬於極端粗重工作，因此據說在佐渡工作的話，壽命就只有五、六年。也就是說，佐渡很快面臨到人手不足的狀況。此時的幕府政府看上的，就是聚集在江戶的「無宿者」（被從戶籍剔除，無固定住處者）及賭博現行犯。

「賭博犯」及「居無定所者」被抓到後，會被送去佐渡當抽水工。這些人將幕府抓人送往佐渡的行為稱作「**ドサ**」，也就是「佐渡」的顛倒說法。被送到佐渡則是「ドサを食った」，「ドサを食った」後來又變成「ドサクサ」。「ドサ食う時」（抓人去佐渡的時候），執行者會闖入賭博現場、追捕居無定所者而引起莫大騷動——慌亂逃跑的人、追擊抓捕的人、大鬧一場的人、試圖辯解的人，全都亂成一團。因此「**ドサクサ**」也表示「混亂、無秩序」的騷亂模樣。就是江戶後期知名的「鬼平」[38]長谷川平藏所提案的人足寄場（罪犯更生機構），將原本是輕罪的居無定所者與賭

38 【譯註】長谷川平藏（1745—1795），江戶時代武士。池波正太郎的知名小說《鬼平犯科帳》即是以平藏為原型。

徒藉由「**ドサクサ**」制度狠狠地壓榨一番。

過去演員四處巡演或現代演藝人員到各地表演被稱作「**どさまわり**」。這也是來自「佐渡送り」（抓人送往佐渡）的「ドサ」，指要去像佐渡一樣遠的鄉下表演之意。而且就算巡演藝人沒有[39]手形，只要表演一下技藝就能通過関所（交通要道上設置的關卡），這就是「ドサクサまぎれ」。江戶時代的関所好像沒有傳說中那麼嚴格嘛。

古川爺爺的吐嘈

聽了這麼多關於「**ドサクサ**」的事，就會想唱：[40]「ハァー、佐渡へ佐渡へと語源はなびく、佐渡はよいかドサクサか」（啊，到佐渡吧到佐渡吧，語源隨風飄揚，佐渡到底是好地方還是混亂不堪呢？）總之，我已經把較為普遍的語源說法和各位說了。

39 【譯註】江戶時代旅行時，必須要持有相當於護照的「通行手形」才能通過各地國境。
40 【譯註】此段文字由佐渡民謠「佐渡おけさ」的歌詞改編而來。

第六章 日本人的戰場心理學

大手（おおて）
旗色（はたいろ）

藏在現代商界的戰國時代日本語

源平時代

現代日本人這樣想

日文常出現「大手私鉄五社」（五大私人鐵路公司）、「量販家電の大手」（量販家庭電器界知名企業）。這些詞語我們都很熟悉，不過應該也很多人以為「**大手**」（大型企業）相對於「中小」（中小型企業），是用來形容企業規模。也不能說不對。因為經濟學用語上，進行的交易量大到足以影響產品價格的大企業，確實稱得上「大手」。

原來是這個樣

「**大手**」的語源來自於「追手」。原指正面迎敵的部隊的正面；在最前線與敵軍正面衝突的部隊，即稱作「大手」。描寫源平之戰的《平家物語》中，就已出現「大手」一詞。書中[1]「俱利伽羅おとし」的段落中，提到平維盛率領的大軍「大手より木曾殿一万余騎、鬨の声を合わせたまう」——正面迎來木曾義仲的大軍，對方高呼振奮士氣的口號奔騰而來。這是「大手」原本的語意。我們至少可以確定：這個詞在《平家物語》成書的鎌倉時代就已存在。

到了戰國時代，原本代表正面迎戰部隊的「大手」一詞，被用以形容城池的正面「大手門」。背面的門則稱作「搦手」。「搦手」這一詞彙和「大手」一樣是戰術用語，原指從軍隊後方進行攻擊，後來才轉變為「後城門」之意。「大手」軍團給人一種大規模、果敢的印象，而進攻「搦手」（後城門）的部隊，也需要相當才華

1 【譯註】俱利伽羅峠（或寫作俱利伽羅谷）位於今石川縣礪波山丘陵地間。根據平家物語記載，木曾義仲曾於此地與平維盛率領之軍隊對戰。

及智慧。

現今也常用到「**旗色**」（情勢、戰況）一詞。當公司營業額比同產業的其他公司難看的時候，通常會在會議上說「どうも旗色が悪いな」（情勢看起來很不妙啊）。「**旗色**」來自源平之戰時代「源氏の白旗、平家の赤旗」（源氏的白旗、平家的紅旗）。軍隊戰鬥時會在戰場上舉旗，讓武將觀察戰況。在戰國時代，打仗時使用的旗幟，依不同大名、家系而有所不同。原則上騎馬的武士、持長槍的步兵團中，皆會安排旗持（執旗手），負責舉起該團隊或任務的代表符號。重要的騎馬武將，也會在鎧甲後面插上小旗，讓位於本營的大名能夠看清自己的作戰姿態。大名則依旗幟觀察戰況，決定作戰是否要變更或停止等。

為了標示出大名所坐鎮的本營位置，本營也會派手下負責舉起加有裝飾物的「大馬印」（象徵大名地位的大旗）。知名的「大馬印」包含織田信長的金の唐傘（金油紙傘）、豊臣秀吉的瓢箪（葫蘆）、徳川家康的金扇（金扇）等。集結於馬印周邊的親衛隊即是旗本武士。旗幟也有威嚇敵人的作用。小田原北条氏遇上豊臣秀吉率領二十萬大軍來襲時，從領地內各村落徵集了一定人數的蝦兵蟹將；加上「閃亮顯眼的旗幟」後，他們看起來就像「旗色よく」（情勢有利）的大軍了。

上杉謙信撤下部隊時，下令「夜中、小旗を絞って出発せよ」（在半夜收起小旗出發）。他將帶著長槍與小旗的增援部隊送到集合場所，讓兩隊會合後再展開小旗，並指示此隊伍「大軍を見えるように堂々と進軍せよ」（像大部隊一般威風堂堂的進軍）。而「旗色が悪い」（情勢不妙）指的是漸漸看不到同軍隊的旗幟，也就是指戰敗的徵兆。

古川爺爺的吐嘈

日本企業運作中經常使用到戰國時代的用語，例如：將公司比喻為「本丸」（城郭的核心地區）。「重役」（公司高層）則來自江戶時代幕府及各大名家的「重い役」（重要職務，如老中、若年寄[2]、家老等）。難怪商業雜誌中，常常會出現戰國武將相關的特輯呢！

2 【譯註】江戶時代的職稱，位階次於老中，負責統轄幕府武士及政務。

喧嘩両成敗（けんかりょうせいばい）
時効（じこう）

從武家時代的傳統孕育出的日本特有法規

鎌倉時代

現代日本人這樣說

過去學校裡的老師會因為霸凌問題而爭吵的學生說：「イジメてはいけない。喧嘩するのもよくない。お互いに謝りなさい」（不可以欺負同學、吵架也是不對的，要互相道歉喔），接著要求孩子和好。

拿到現在來看，這種發言根本像電視劇裡的老師台詞一樣地不切實際。如果現實生活裡的老師真的說了這種話，包準家長會衝來學校大吼：「うちの子はイジメられたのですッ！なぜ、謝る必要があるんですかっ！」（我們家小朋友是被霸凌耶！為什麼還要跟對方道歉呢），將老師罵得狗血淋頭。

平時最喜歡武士道(ぶしどう)（武士精神）的體育老師，會在此時主張「**喧嘩両成敗**(けんかりょうせいばい)」（吵架的雙方都會受到懲罰），而縮著頭不敢說話。連固守日本傳統的校長，也準備逃之夭夭，實在叫人哭笑不得。

原來是這個樣

話說「**喧嘩両成敗**(けんかりょうせいばい)」是一項廣為人知，且不存在於其他國家的「日本獨有的法條」。我希望那些向世界宣稱「做個真正的日本人」的人們，能更尊重「喧嘩両成敗(けんかりょうせいばい)」的精神。「喧嘩両成敗(けんかりょうせいばい)」誕生於平安末期，到了室町(むろまち)時代才廣泛被使用。室町時代即是足利(あしかが)幕府的時代，亦是「天下亂如麻」武力至上的時代。此時走在路上，隨時會一觸即發地產生衝突。一旦發生爭執，家主會馬上率領整家的家臣襲擊對方住家，進而演變為戰爭。

在播磨国(はりまのくに)的西河内荘(にしこうちしょう)（今兵庫縣加西市），有兩名武士殺害了石清水八幡宮(いわしみずはちまんぐう)（位於今京都府八幡市）荘園(そうえん)（私有地）的武士，並侵佔其年貢後逃跑。荘園一狀告到幕府，這兩名侵佔年貢的武士宣稱：「殺(ころ)した石清水荘園(いわしみずしょうえん)の武士(ぶし)は、元(もと)は我々(われわれ)の譜代(ふだい)

の被官人、若党である。しかも我らの親を殺した[3]『親敵』だ」（我們所殺的石清水莊園武士，原本是我們家譜代大名的家臣、下屬，而且他還是殺我們父母的仇人）。

他們主張自己是因此緣故而搶走對方的年貢逃跑。既然曾是家臣，又有殺親之仇，此事件就被認為理所當然了。在武家政權的掌控下，這是一個盛行以武力進行自力救濟的概念，眾人皆能隨意殺伐的時代。為了避免此種狀況，幕府制定出「喧嘩両成敗」法。一旦發生爭執，雙方皆為死罪，希望藉此來減少人民互相殺戮。

此一歷史事實，直到最近才浮出檯面。從此之後「喧嘩両成敗」成為武家的重要法規，在江戶時代也有相當地位。因為江戶幕府屬於武家政權，而武士的習性就是一起爭執就拔刀、動員大量人手互相殺戮。我盼望最愛武士道、宣揚武士精神的體育老師們，一定要確實理解這段歷史。如果不理解的話，根本就沒資格談論什麼武士道。

另一個名為「**時効**」（時效）的法律，正說明了武家時代中的人們是如何嗜殺成性，並用陰狠手段霸凌弱者。現代日本法律仍規定：只要佔有住家周邊屬於別人的道路達到二十年，一到了道路所有權的時效之後，這條路就屬於佔有者。這也是來自鎌倉幕府北条泰時等人在貞永元年（1232）所制定的首部武家法律《御成敗式目》第八條，此條法律大約在七百八十年前就已存在。

從這條「只要佔有二十年就會得到所有權」的法規，導致了多麼陰狠暴力的霸凌事件呢？像是「押蒔き」（強行播種）、「押植え」（強行種植），便是如此。「押蒔き」、「押植え」是指仰仗武力強行到別人的旱田或水田去播種、種稻。持續二十年之後，依法得到所有權，田地就會屬於自己。武裝不足的莊園等地的人民，每晚都因恐懼而哭泣著入睡。

古川爺爺的吐嘈

現代日本民法中，居然還存在著武士社會的實力至上主義；看來世界上暴力及霸凌四處橫行，也沒什麼不可思議的。

3 【譯註】此處的「親敵」非日文慣用詞。應為「親の敵」（形容對對方極度憎恨之意）之略稱。

目抜き通り（めぬきどおり）
反りが合わない（そりがあわない）

深植現代對話中的兵器與戰鬥

源平時代

現代日本人這樣說

「銀座の目抜き通りに店舗を出そうと思うのだけど、高級店ばかりで、反りが合うはずないよね。うちは百円ショップだから」（我本來想在銀座顯眼的大道上開店，不過那邊都是高級商店，應該會格格不入吧？畢竟我們只是百元商店）。大家注意到了嗎？以上的對話中參雜了三個與「武器」有關的詞語喔！

原來是這個樣

對日本刀劍有研究的人應該會注意到其中二個，即「**目抜き**」跟「**反り**」。可是，大概很少人會發現：「**はず**」一詞其實來自弓術。如果在字典上查「**目抜き通り**」，語意為「城鎮中心的大道、繁榮街道」。這邊的「目抜き」又寫作「目貫」，這個詞出自於日本刀，指貫穿刀心與刀柄、固定兩者的刀柄釘之上的裝飾。

日本刀會用「目釘」（刀柄釘）貫穿「茎」（安裝刀柄的部分）和刀柄，將兩者固定。這個「目釘」（刀柄釘）外露在刀柄上的釘頭稱作「目貫」，一般會在其上附加金屬工藝做出的家紋、老虎、獅子、龍等裝飾。室町後期至戰國時代，專門做金屬工藝的後藤家出現後，此種裝飾物開始盛行起來。由於「目貫」是日本刀最顯眼的部分，自然會吸引人的目光。因此同樣被裝飾得富麗堂皇的繁榮街道，就被稱作「目抜き通り」（顯眼的大道）了。

「**反りが合う**」（意氣相投）、「**反りが合わない**」（格格不入）則是指「刀身」與「刀鞘」的關係。日本刀的「刀身」與「刀鞘」對不上的狀況即是「反りが合わない」，後來變成「不合心意」的意思。武士有可能因為打鬥，導致刀身扭曲，無

法收回刀鞘。此時若拿去修理、將弧度重新打出來的話，就可以將刀收回鞘中，此即「反りが合う」：也就是「終於令人滿意」的意思。

另外「～のはず」（應該……）的「はず」來自弓箭中的「矢筈」（劍尾）。要射箭時，只要將弓弦卡進箭尾端切出缺角的部分（劍尾），就可以拉緊弓。而將「矢筈」和弓弦對準得恰到好處再放箭，弓箭「應該」就會命中。因此以「～のはずだ」表示「應該……吧」。如此觀察就會發現，其實有非常多日常生活中的用語，都來自武器或武士的戰鬥。例如：「矢の催促」（反覆緊迫的催促）、「雨が降ろうか槍を降ろうか」（風雨無阻）、「火花を散らす」（戰況激烈），或男女間「元の鞘に戻る」（分手或離婚後再復合）等等。

如果說世界是由言語構成的，那麼日本語應該會構成一個雄壯威武的世界。當然，這也表現了日本人在過去歷史中，經歷了多少戰亂及武士掌權。只不過現代人常常遺忘的是，大規模戰爭中不只有武士出征，連平民百姓也會被動員參戰。這邊提到的「百姓」不是單指農民，而是平民百姓。

例如：源平之戰中，平氏為了阻止從北陸道（相當於今日本本州日本海側中部地區的「福井縣、富山縣、石川縣」一帶）進攻的由木曾義仲率領的軍隊，從山城（今京都府京都市）、大和（今奈良縣）等地的莊園徵集民兵。大和興福寺所領和束

（今奈良縣相樂郡和束町）一地，負責在和束的人造林砍伐寺院用木材的三十六名杣工（伐木工）之中，就有二十六人被徵召入隊。

這些杣工皆為工頭角色，近世初期這些被稱作「杣頭」的伐木工頭底下都有二、三十名部下，二十六個老大就至少率有六百名以上伐木工人。為了在北陸道阻擋木曾義仲的軍隊的入侵，這些人被當作工兵使用，派去參與建造平氏的防禦要塞。他們負責設立柵欄，在柵欄前面挖掘深溝、並在溝內插上逆茂木（頂端被削尖，並排排列以抵擋敵軍進攻的木頭）。

古川爺爺的吐嘈

源氏也在「墨俣川之戰」[4]之中，徵召了當地伊勢神宮領地內的水主（基層船員）

4【譯註】墨俣川位於今岐阜縣安八町。因其優良的交通位置，自古就為兵家必爭之地。養和元年（1181年）源平之戰時，就曾於此地發生對戰。

二〇九八人。單單畠山重忠（はたけやましげただ）一人就從鎌倉帶來八十名百姓，讓他們參與土木工程。

然而，歷史上並沒有記載這些百姓之中有多少人被捲入戰鬥，也沒有留下口傳記錄。

けたくそ悪い（わる）軍配（ぐんばい）

作戰要看良辰吉日？管他的，開戰就對了！

戰國時代

現代日本人這樣說

日本深陷寵物風潮中，公園或道路總是難以步行。稍微不留神就會踩到狗大便之類的東西。這時你可能會不自覺口出惡言：「**けたくそわるい**」（靠北！爛死了）。

原來是這個樣

如果問這句話的語源從哪裡來？任誰都會異口同聲地說：『蹴った糞悪い』に由来するんじゃない？江戸は犬が放し飼いだったから、そのころからの江戸っ子の悪態」(不是來自「踢到大便了可惡」嗎？因為江戸時期習慣將放養家犬，江戸人才將此作為髒話)。可是，狗大便是清白的，這句話也跟「蹴る」(踢) 沒有關係！「けたくそわるい」其實來自《易經》卜卦中的術語——「**卦体糞悪い**」。

「**卦体**」的「卦」指周易的卦象，「卦体」則是**算木**(占卜用的算籌) 所顯現的形狀，也就是占卜結果。這個詞後來變為「吉凶的預兆」之意。「卦体糞悪い」即指「超級無敵倒楣」、「令人厭煩忌諱的」。本來「卦体が悪い」指的是「令人不快」，加上了「**糞**」(大便) 加重語氣，變成「令人厭惡得要死」。江戸方言通常會加上粗魯的破裂音，「卦体糞悪い」就會變成像這樣子的表現：「けったくそ悪い。あいつなんかに軍配をあげやがって」(恁老師咧有夠不爽，我一定要給那傢伙一點顏色瞧瞧)。

來談談「**軍配**」(一種軍用手持扇，不可折疊)。江戸時期應該也只剩相撲裁判會用到它。它的正確全名是「軍配団扇」。由於相撲是一種武術技藝，因此會用「軍配団扇」來判定勝負。包括山梨縣的甲府車站前的武田信玄像在內，現在仍然很常見到手持「軍配団扇」的戰國武將雕像；不過這些戰國大名，實際上拿的應該是「軍扇」（軍扇，造型為摺扇）。

戰國時代的軍隊的將領在戰鬥時，一定會手持「軍扇」坐鎮本營。「軍扇」是一種漆黑的大型扇子，正面畫有「太陽」、背面則是「月亮及北斗七星」。至於為何將領手持這種日月摺扇觀看戰況呢？這也跟占卜有很深的因緣。

打仗的日子有所謂「悪日」（凶日），在此日打仗絕對會輸。約從足利学校[5]創建的時代開始，軍師教育中就包括這種占卜技術，同時也會教導將「悪日」（凶日）變為「吉日」（吉日）的方法。遭人攻打時，總不可能因為是凶日就棄戰。這時就可以用「軍扇」，把打仗的凶日改為吉日。

作戰而遇到凶日的將領，會在白天展開半面的軍扇，露出畫有新月圖樣的那面扇面。到了晚上則倒過來露出畫有太陽的扇面，且一樣只展開半邊扇。據說如此一

5 【譯註】位於栃木縣足利市的學校。有說其起源為國家建設之學校，有說其創始者為平安前期公卿小野篁，實際起源不明。

來，就能將戰爭的「悪日」（凶日）變為「吉日」（吉日），迎向勝利。遇上有機會打勝戰的吉日時，就在白天露出太陽那面，一樣將半邊的六根扇骨折疊收起，夜裡則露出背面的新月圖案。因為在吉日時，不需要依靠軍扇的魔力協助改運。

古川爺爺的吐嘈

「軍扇」在戰爭中是不會整面展開的。只有獲勝時才能全開。武田信玄跟上杉謙信在[6]「川中島之戰」中，應該也各自使用了軍扇，最終卻未能分出勝負。不知道信玄當時有沒有鬧起軍扇，大爆粗口說：「けたくそが悪い」呢？

はたらく
ごちそう

啥？戰國大名的字典裡，只有軍事類詞條？

戰國時代

現代日本人這樣說

我們常常會聽到有人說：「今回(こんかい)はよく働(はたら)いてくれたね。御馳走(ごちそう)でもしよう」(你這次工作很認真嘛。我來請頓好料吧)。在現代人的理解中，「**働(はたら)く**」指工作、勞動，而「**御馳走(ごちそう)**」則指高價的飲食。這些詞彙在江戶時代，也是同樣的意思。這是因為不管江戶時代與現代，社會都相當和平。

6【譯註】川中島位於今長野縣北部。戰國末期甲斐的武田氏及越後的上杉氏為信濃國的支配權，曾數度於此發生衝突，史稱川中島之戰。

原來是這個樣

「**ハタラク**」現在漢字寫作「働」，其語源最初來自動詞「ハタラ」，表「移動」之意。平安時代的《枕草子》中，即使用「ハタラク」來表示「移動」、「挪動」。葡萄牙傳教士與日本信徒共同編纂的《日葡辭書》（１６０３）中，也說明「ハタラク」指「使事物活動」，並記有用例「知恵をはたらかす」（發揮智慧）。

戰國時代的武將們，則將「はたらく」完全當作軍事用語使用。大坂堺（今大阪府堺市）的畠山卜山寄給越後（今新潟縣）的長尾為景的信中提到：「神保出雲守・遊佐新右衛門尉、その動きをなし」（永正十七年／１５２０年８月）。此處「**動き**」念作「**ハタラキ**」，整句意思是「神保出雲守・遊佐新右衛門尉出兵了」。

戰國時代的書信中「ハタラク」寫作「動」，意思就是「軍事行動」。這是以漢字「動」來直接表現軍隊移動，並加以古語中的「ハタラク」做讀音。「働」這個字在此時，就已偶爾會出現，讀音也是「ハタラク」，語意一樣指軍事行動。「働」這個字不存在漢語中，是日本自創的[7]和製漢字，也稱日本的「国字」（日本所創造的漢字）。由於這個時代的「ハタラキ」表示軍事行動，「ハタラキ者」自然也就指「擅長戰鬥者」。

「御馳走」這個日文詞彙在戰國時代，也與飲食無關。「馳走」如同字面意思，就是「馳せ走る」，奔馳、四處奔走之意。「馳」指騎馬急行，「走」則是快跑，兩字皆表示奔走。在織田信長的書信中，也經常出現要求「馳走」的句子，意思是「急速前去戰鬥」之意。戰國大名們生活中，只充斥著軍事行動，連日常語彙也全變為軍事用語。

雖然日本戰國時代戰亂頻繁，卻偶爾才會發生死傷慘重的戰役。永祿四年（1561）的「川中島の戦い」（川中島之戰）以戰況激烈聞名。據說一萬三千名上杉陣營中，有三千四百人死亡，六千人負傷，而武田陣營這一方則死了四千五百名。但歷史學者認為，實際死傷數字應不到前述的十分之一，而且其中八成五傷亡者應是被徵召的一般百姓。

假設陣亡者的數量真如傳聞中如此龐大，該位領主會因「安置照顧陣亡者遺族」與「領地人口銳減」而失去家臣的信任及維持大名地位的財力。若是如此，就不可

7【譯註】指日本人基於原有的漢字變體或模仿創造出的新漢字，也包含將原有漢字加上日本獨有語意的狀況。

能發生[8]永禄七年的那場戰役。對武士而言，戰場是立下功績、獲取利益的地方，因此武士捨棄對孱弱家主的忠誠，另尋出處等事，在當時可說再正常不過。看起來強盛的大名會得到越來越多夥伴，所以最後由強大的德川家康一統天下，進入了江戶時代。

古川爺爺的感慨

社會變得和平後，武士的「ハタラキ」就變成跟現今一樣意思——「工作」；「馳走」也變成集結了山珍海味的「御馳走」之意。

8【譯註】依照史料顯示，川中島之戰前後應有五次主要戰役。其中1561年發生的應為第四回，1564年則為第五回。

なしのつぶて
縄張り(なわばり)
城(しろ)

從鎌倉時代到戰國時代，城裡不可或缺之物是？

戰國時代

現代日本人這樣說

「この間(あいだ)からメールしてるんだけど、ナシノツブテでさ。やっぱ縄張り(なわばり)が違(ちが)うから、相手(あいて)にしてくれないのかな」（前陣子開始在互傳訊息，結果突然就沒了音信。果然因為彼此所欲保持的人際距離不一樣，所以她不想跟我聯繫了嗎）。一名年輕男子因為與在聯誼遇上的女大生失去聯絡而悲嘆不已。「**なしを**

「つぶて」（杳無音信）漢字雖寫作「梨の礫」，實際上應想做「無しのつぶて」，用於表示「完全沒有回覆」之意。

原來是這個樣

「**なしのつぶて**」正確來說應該是「無しの礫」，意思是「沒有礫石」。現代日本人應該不太熟悉「**つぶて**」（投石子）這個字，但老一輩的日本人應該聽過「紙礫」吧?這是投擲紙張揉成的小球之意。「つぶて」的「つぶ」等於「つぶら」（圓形的）中的「つぶ」（顆粒）。「**つぶて**」指「投擲石頭」，互相投擲小石子這行為，則稱作「礫打ち」。

事實上「**つぶて**」（投石子）和「**縄張り**」（勢力範圍、專長範圍）皆為攻城時的用語。江戶時代開始，賭徒隱語中會用「縄張り」表示「勢力範圍」，現今成為一般用語。這個詞最初出現於兵荒馬亂的室町時代，原指搭築「館」（大型宅邸）、要塞、城郭前，在其腹地以繩索拉出邊界線之意。到了戰國末期，語意變為「指揮城的攻守、防禦方式」。例如：「江戸城の縄張りは藤堂高虎による」（藤堂高虎負責主導江戶城的攻守及防禦）。

雖然「城」（城）早在鎌倉時代就已存在，但是當時的城只是位於武家宅邸後山的逃難用建築。大概就只是在各地建造一些能容納多人的空間，並在周圍搭建「土塁」（土牆）、「逆茂木」（頂端被削尖，並排排列以抵擋敵軍進攻的木頭）等防禦設施而已。到了室町、戰國時代，全國各地都有山城（山城，即搭建於山中的城）林立，各縣總加起來有超過四百座城郭。作為一座山城的基本條件是：山腳下有河川環繞、山中有井泉，有挖掘竪堀（平行於山勢走向的深溝，能有效抵擋敵軍入侵）將稜線切斷，並具備各式防禦設施和複數個避難用空間。位於京都南禅寺與銀閣寺之間的後山，過去也因為[9]山城而名聲遠播。

戰國後期之後，城郭的型態從山城變為平地城。安芸（位於今廣島縣西部）的毛利元就從位於山中的[10]吉田城，轉移到太田川河口的沙洲建立広島城（位於今廣島縣廣島市）。而信州的真田氏，也在位於信濃川流域平原地帶的上田（位於今長野縣上田市）建立城郭，除了將此地當作支配當地物流的據點外，也兼作為政治中心。

9 【譯註】此處應指銀閣寺後山大文字山（如意ケ岳）山間的如意岳城及中尾城（兩者皆已遭燒毀）。

10 【譯註】此處所指應為位於廣島縣安芸高田市的吉田郡山城。

漢字「城」原指「城鎮，有宮殿的都市」。此時日本所建造的城為了抵擋彈砲，皆設有美麗的石牆。「城」之所以念作「シロ」的原因，在近年廣受討論。有人認為城郭是支配一地的「依代」（吸引神靈寄宿的物體）。其依據是，許多平地城郭皆是建於古墳之上。世界遺產之一的姬路城（位於今兵庫縣姬路市）底下也有古墳，而各地亦皆有城池下發現古墳。

話說回來，不管是鎌倉時代的「逃げ城」或室町至戰國時代的「山城」，都不能沒有「礫」（石礫）。尤其在戰國時期的山城周圍，一定會有許多人頭大小的圓形石塊。守城人會對攻擊城池的對手投擲這些大石塊。根據毛利家族的記錄，某場戰事中共有一五一名武士死傷，其中二五名就是被「礫」（石頭）命中而造成傷亡。作戰時若遇到大小石塊如雨水般傾注而下，對攻城方而言可謂一場苦戰。

古川爺爺的吐嘈

本篇開頭的年輕男子「無しの礫」（沒有收到回信╲沒有被投石）說不定是件好事呢！

あやつり

だます

好好的一個神社怎麼會淪爲戰場呢？

戰國時代

現代日本人這樣想

閱讀戰國時期的[11]「軍記」並研究其真實性後，我深深感到：「戦国時代の合戦は、人間をあやつり、騙すところがある。軍記ものの記述などは、よほど注意しないと騙される」（戰國時代的戰爭總有操弄、欺騙人心的部分。尤其在閱讀軍記文學的記載時，更應該小心避免陷入騙局）。像制霸日本的[12]中国地方的

11【譯註】描述、記錄戰役的文學作品之統稱。亦稱「軍書」。

12【譯註】鎌倉幕府時代原指稱畿內與九州地區中間諸國，後來統稱山陰、山陽地區為中国地方。今日中国地方則一般指鳥取縣、島根縣、岡山縣、廣島縣、山口縣範圍。

戰國大名「毛利元就」，其傳記雖是基於《陰德太平記》等軍記物語寫成，還是有許多令人不解之處。首先毛利元就在自己的書信中，就曾有類似這樣的描述：「諸郡（敵方の地方）を味方につけるには、働と操の二つに尽きる」（要讓敵軍的領地人民成為同夥，就必須徹底執行武力壓制及延攬人才兩項任務）。

原來是這個樣

此處的「**あやつり**」指「巧妙使用言語、優秀的操弄」。其語源說法不一，有人認為來自「文吊る」（操弄文字表現）或「綾取る」（綁繩結）。「**騙す**」（欺騙）則被認為是從「**だまる**」（沉默）變化而來。應該是指為了欺騙他人，必須讓真心「沉默」，讓嘴巴說出違背真心的話吧?從宏觀角度來看，會覺得說不定這些描述戰國武將的作品，其實是在操弄、欺騙讀者。其中一個例子就是因毛利元就的奇襲而廣為人知的「嚴島合戦」（嚴島之戰）。

弘治元年（1555）七月，毛利元就將與陶晴賢的決戰場所設定在「嚴島」（今廣島縣廿日市市宮島）。他在有浦（嚴島地名）北側建立了宮尾城，並令麾下的

「己斐豊後守」作為守城的城將。城內沒有水源，為了確保水源，毛利元就派人從厳島的城鎮中搜集甕來裝水，也強徵了當地町人作為人質，集中在城內。七月時分的「厳島」，就已進入了「完全應戰狀態」。

九月二十一日，如同毛利元就的預測，陶晴賢率領大軍逼近厳島。他在厳島神社西側的[13]「搭の岡」設置本營，對宮尾城發動攻擊。聞知此事的毛利元就，便移動到厳島對岸的草津城（位於今廣島縣廣島市），準備進行決戰。他不放心只讓自己麾下的水軍出擊，便要求有親戚關係的伊予（今愛媛縣）的来島通康派出援軍。同一時間陶晴賢的軍隊已把守城用來對抗入侵者的壕溝填妥，而厳島上的宮尾城正面臨著即將被攻破的危機。

来島通康的水軍在三十日夜晚抵達，毛利軍隊隱密地從地御前（位於今廣島縣廿日市市）的港口南下，到達厳島東邊的包ヶ浦，並穿過山路，隔天一早突襲了位於「搭の岡」的陶晴賢本營。陶晴賢的陣營陷入混亂，「一矢も放たず」（一箭未放）便潰不成軍，陶晴賢底下的重要將領，皆遭殺戮。可是，這個奇襲作戰有個疑點。厳島神社是安芸（位於今廣島縣西部）的一の宮（一地等級最高的神社），也

13【譯註】厳島島內地名。根據史料記載，此處應為「塔の岡」或「塔之岡」。

是[14]明神大社。宮島是個潔淨之地，連現在都嚴禁耕種及埋葬死者，殺生自然也是被禁止的。

將本營駐紮於神社境內「搭の岡」的陶晴賢陣營，「一箭未放」並非不可能，因為陶晴賢應該沒想到此處居然會成為戰場才對——這就是為何毛利元就故意將陶晴賢的軍隊引誘來這個神聖之地的原因。此戰役應該成為以殺戮、玷汙朝廷的明神大社的大事件才對，毛利元就卻未因此而受到處罰。

為什麼呢？謎底就在於「錢」。天文十六年（1547），毛利元就在這場戰爭發生之前，就曾以希望讓長男就任官職的名義向朝廷獻金，但是我們不能確定其長男毛利隆元是否有受任備中守。七年後，毛利元就與陶晴賢正面發生衝突，衝突演變為次年的「厳島合戦」（厳島之戰）。

古川爺爺的吐嘈

戰爭後，毛利元就在永禄二年（1559），捐獻二千貫作為正親町天皇的即位費用。連越前（位於今福井縣）的朝倉氏也只捐了一百貫。由此可見，毛利元就

在厳島神社境內的戰鬥是受到敕命許可的。這場戰役的背後真相大概是——陶晴賢（すえはるかた）並不知道這件事情吧？

14【譯註】即「名神大社」。為古代神社階級之一。名神大社通常為一地特別靈驗、崇敬或有古老歷史的神社。名神大社由朝廷選定，相較於其他神社有更高的待遇。

尻馬に乗る

しんがり

不跟著別人屁股後面跑，才能百戰百勝！

戰國時代

現代日本人這樣說

哪個新商品造成熱賣，就會出現許多一樣的商品。某個原物料漲價，就會有其他商品趁機漲價。或者電視上的當紅明星推薦什麼事物，就會有人一昧地附和同意。這全部都是「**尻馬に乗る**」（盲目跟從、附和）。

大眾媒體也許就是靠著「尻馬に乗る」賺錢的產業吧。企業經營者也會說：「健康ブームの尻馬に乗って、ひと儲けした。機会を巧みにとらえて便乗せよ」（我搭著健康商品的熱潮，賺了不少錢。大家要巧妙把握機會搭順風車啊）。這些人都不知道，「尻馬に乗る」在過去的時代裡可是莫大恥辱。

原來是這個樣

據說源義経是真正發揮騎兵戰最大威力的人。他讓軍隊騎馬突襲，將平家大軍玩弄於手掌心，最終將平家逼至滅亡的結局。騎兵須乘戰馬深入敵陣，從馬上發射弓箭突襲，因此也容易受到敵軍的強力反擊。坐騎被砍殺、不幸墜馬的武士，必須借坐在同伴坐騎的屁股上逃回己方。這就是「**尻馬に乗る**」的由來。

據說這對鎌倉武士來說，是極為羞恥的事。不只得借助他人的幫助，而且還會「坐在馬的屁股上」，也就是「慢人一步」。在眾人都爭搶當先鋒的時代背景中，沒有什麼能比這更羞辱武士了。大概正因為當時的價值觀極度厭惡「便乗」（搭便車）和「遅れをとる」（慢人一步），鎌倉幕府才得以建立了第一個位於東国（從近畿地區往東的地方；關東）的武家政權吧？

「**しんがり**」（殿後掩護部隊）是戰國時期的詞彙，指位於撤退軍隊最後端，準備迎戰對手追擊的部隊。「しんがり」是從「後駆」（在後面跑）轉變而來；也會念作「しっぱらい」，後者的語源應該是來自「尻払い」（擦屁股）吧？同樣是跟在別人後面，「しんがり」卻是件名譽的事情，只有值得信賴的豪傑勇將才會被委任為

「しんがり」。其所帶領的部隊也稱作「殿備（しんがりぞなえ）」。

織田信長（おだのぶなが）的軍隊中，有未來的豐臣秀吉（とよとみひでよし）、池田勝正（いけだかつまさ）、明智光秀（あけちみつひで）等知名武將。「しんがり」做為準備撤軍的隊伍末尾，必須承受無以衡量的恐懼，因為追擊而來的敵軍有可能會繞到前頭埋伏。擔任過織田信長（おだのぶなが）的「しんがり」的豐臣秀吉（とよとみひでよし）成為「天下人（てんかびと）」（一統天下者），明智光秀（あけちみつひで）也是在本能寺襲擊了織田信長（おだのぶなが）的戰國豪傑。

「しんがり」的漢字會寫成「殿」或「殿軍」。在討論戰國話題時，我們常談及「為什麼『しんがり』寫成殿呢？」。如果寫「尻軍」倒還可以理解，「殿」就讓人摸不著頭緒。其實，這是因為兩者的漢字音相通。漢字訓讀的吳音中，「殿」念作「デン」，而「臀（尻）」也念作「デン」。因為將這支值得信賴的軍隊稱作「臀（尻）」不太妥，因此選用同音的「殿」。這是從中國古代就在使用的詞語。孔子的《論語》中就有[15]「奔（はし）リテ殿（でん）ス」（奔而殿），其中的「殿（でん）ス」即是「在後掩護」之意。

古川爺爺的吐嘈

日本經濟局勢從「尻馬(しりうま)に乗(の)る」（搭順風車）到了「しんがり」（殿後掩護）的時代，因此現在日本所需要的，應是讓日本經濟復甦的「しんがり」（力量強大的掩護部隊）。

15【譯註】論語雍也第六第十五章：子曰：「孟之反不伐，奔而殿。將入門，策其馬，曰：『非敢後也，馬不進也。』」。

おしおき かんべん

德川家康爲什麼能成爲天下人？

戰國時代

現代日本人這樣說

在情色產業中，小姐可能會對有某種特殊興趣的客人說：「悪い子ね。お仕置きするよ」（真是個壞孩子。我要處罰你了喔），客人則會露出開心表情哀求原諒：「勘弁してください」（放過我吧）。違規停車的人明知求情沒有用，也會對警員說「勘弁して下さいよ」（放過我吧）這種沒有意義的話。

令人驚訝的是，江戶時代之前的人是聽不懂這兩段話的。當然詞語本身是存在，不過語意卻與現今完全不一樣。

原來是這個樣

「しおき」（懲罰）是古日語，早在平安時代的女性文學，藤原道綱之母所著的《蜻蛉日記》（天暦八年／西元954年開始持續記錄二十一年）中就已出現。「しおき」的語源是「しておく」（預先做準備）之意，沒有其他任何引伸義。漢字「仕置」二字是按照發音，後來加上去的。到了戰國時代，「仕置き」變成重要的詞彙。具體而言，在所佔據的領地中建立要塞、堡壘並派兵守備，以及大名管理領地、下達指令，這些都叫做「仕置」。

一統天下的豊臣秀吉就執行了「奥羽仕置」。天正十八年（1590）滅掉小田原北条氏之後，秀吉一路北上到了会津黒川（今福島縣会津若松市），執行了「奥羽仕置」將奥羽地區（今東北地區）納入豊臣政權之下。他將越後的上杉家移至庄内（位於今山形縣），並將沒有參與小田原之戰的大名、国人（當地有影響力的有權者）皆解任換新。這場「仕置」硬是壓下了許多反對聲音。

戰國大名的「仕置」可謂嚴厲至極。上杉氏制定的規範是「禁止賭博」，違反者「宿の両隣三間を相払うべし」（連同住家左右三戶鄰居一起斬殺）。「**払う**」在此指「砍殺」。豊臣秀吉也下令若有任何事端「一郷一町曲事。御成敗くわえられるべき」（一鄉一町有不法情事，應共同受罰），一次處刑一整個村落。在這樣的風氣中，德川家康第一個下達禁令，規定「百姓をみだり殺すな。たとえ罪あっても」（就算百姓有罪也切勿濫殺）。這種與戰國大名截然不同的「仕置」概念，讓家康成為了天下人。

由於「仕置」總與撤去職位及懲罰犯罪相關，到了江戶時代，這個詞就成為「懲罰」、「懲戒」之意。武士有「自分仕置」，即有權裁罰家臣進行懲戒。「お仕置き」也就變成為維護秩序而做出懲處的意思。情色產業裡的「**お仕置きよ**」（我要處罰你囉）也是為了維護角色顛倒的男女間的秩序而存在的警語吧？

「**勘弁**」（原諒）這一詞彙則是在不知不覺中，用法跟語意都產生了轉變。如果各位只知道「勘弁」現今的語意，那麼《連歌比況集》提到的「前句よくよく勘弁すべし」（仔細思索沉吟一下前句）、《甲陽軍鑑》的「所務の勘弁上手の人なれば」（因為他是擅長思考、判斷職務內容的人）、戰國大名書信中提到「その御勘弁そうらいて」（你思考後決定一下）……這些句子就會變得語焉不詳了。

「勘弁」過去指「勘え弁える」（思考並判斷）。漢字的「勘」是「思考」之意，而「弁」則是「議論」，因此漢字「勘弁」應為「思考並討論後下決定」；不知為何在日本變成了「果決地下決定」之意。「勘弁」原被用於「深思熟慮」之意，如「勘弁強い」指「思慮周詳」。到了江戶時代「勘弁」被加上日本獨有的語意，變成「原諒過錯」、「忽略他人的過失」的意思。

古川爺爺的吐嘈

看到醉漢的醜態，我們不自覺的喃喃說道「勘弁してよ……！」（放過我吧／你喝酒前先想一想吧），這種用法說不定跟古語倒有些相近呢。

身代わり（みがわり）
人質（ひとじち）

戦國時代的日本人就懂得「綁架人質」
這種賺錢手段？

戰國時代

現代日本人這樣說

16「ハイジャック犯（はん）が人質（ひとじち）にした乗客（じょうきゃく）に代わって、運輸政務次官（うんゆせいむじかん）が身代（みが）わりに乗（の）り込（こ）んだ」〔運輸政務次官（相當於臺灣的交通部政務次長）代替劫機犯挾持作為人質的乘客，搭上飛機〕

這個事件大約發生於四十年前。這個報導是現代人寫的，所以我們看得懂，不過古代的人大概就看不懂這段話的語意吧。因為當時的日語中不存在「人質（ひとじち）」（人質）這個詞彙，也沒有這個漢字詞。在古代跟相當於「人質（ひとじち）」意思的日文詞彙，即是「身代（みが）わり」（替身）。

原來是這個樣

現在的「身代わり」指「代替他人進行其職責」的意思，但是在古代日語中，「身代わり」即是「人質」之意。最早在《日本書紀》中，這個詞寫作「むかわり」。意為「ム（身體）カワリ（代替）」，漢字則寫為「質」。在其他章節中有提到「入れて質を為す」，此處「入」讀作「たてまつり」（奉獻），「質」則為「むかはり」，意即「獻上人質」。

飛鳥、奈良時代的日本人，用「**身代わり**」來表示「人質」之意。到了平安時代，「質」不再是「身代わり」，而是跟今天「質屋」（當鋪）的「質」一樣，意指「借錢後交給對方以擔保會還錢的物品」。平安末期經常會發生農民無法交出年貢，女兒或孩童就被當作人質帶走的狀況。

16【譯註】此處提到的應為發生於1970年3月31日的「よど号ハイジャック事件」（淀號劫機事件）。當時劫機犯要求機長前往北韓，時任運輸政務次官的山村新治郎親自上機換取人質釋放，並與機組成員和嫌犯一同飛往北韓。

戰國時代出現了「**人質**搦」（挾持人質）。在爭奪領地時，武士會在敵方領地附近築城。為了避免當地居民反抗或通報敵營，他們會挾持數名「人質」到城內監禁。此種行為主要出現於西國戰事中。

東国部分，在小田原（位於今神奈川縣）的北条氏與房総半島（位於今千葉縣南部）的里見氏的戰爭中，也頻繁發生「人質」遭挾持之事。以東京灣為中心，東側的房総半島是里見家的領地、西側的三浦半島（位於今神奈川東南部）則是小田原北条家的領地，只要有船，對方領土可謂近在咫尺。因此三浦半島東京灣沿岸的村落，定期會受到里見家族的水軍襲擊。里見軍隊會在三浦半島的村落放火，綁架當地居民後揚長而去。這些居民即成為「人質」，必須要有家屬交出「身代金」（贖金）才會獲釋。交不出「身代金」的人會被轉賣脫手，但里見軍隊還是偏好收取贖金後，放走人質。

里見家族的人不是出自善心，才放走人質的。而是因為在關東地區，人口的收購價只落在二十文上下，甚至不及西国的百分之一。東亞最大的奴隸市場位於長崎，而關東地區的商人要將人運到長崎去賣，必須花費龐大的運費及手續費，因此收購價格甚低。武士們也是在知道此情況的前提下抓人，因此他們會盡量選擇富裕人家下手。當地商人會負責處理交涉及贖回人質的工作；戰國時代的商人不分敵我，都可以進行生意往來，所以能協助交涉、贖回被綁走的人質。

古川爺爺的吐嘈

中世日本出現了這麼有系統性的「綁架、誘拐」結構，而戰國時代挾持人質的行為，似乎跟現代發生於全球各地的「人口販運產業」並沒有什麼差異。

おダチン
はなむけ

其實戰國時代的武將們騎的是迷你馬！

江戶時代

現代日本人這樣說

「子供のころは、おつかいの**オダチン**を貯めるのが楽しみだったけど、いまの子供はムダづかいばかりで、おまけに親を現金引出し機とでも思っている」（我們還小的時候，連存一點跑腿的零用錢都會開心不已，現在的小孩卻處處浪費，還把父母當成提款機）。有些父親如此感嘆歸感嘆，在兒女婚禮上卻還是會真摯的發表「**はなむけ**の言葉」（餞別感言）。

我不是要在這裡談親子議題，只是這位父親的發言中，就有三個詞彙的語源與「馬」有關係。由此可見，現代日語中留有多少過去騎馬文化的痕跡。

原來是這個樣

「**おだちん**」（家長給小孩的跑腿費）來自「お駄賃」。所謂「駄賃」指要將貨物放在馬背上運送時需支付的費用。過去用馬載運貨物時，會優先載運江戶幕府的公家物資，若出現剩餘的人力及馬匹，幕府會允許伕役載送一般貨物來賺錢，稱為「駄賃稼ぎ」。「ムダ」（浪費）來自「無駄」。應該載運貨物的駄馬沒有載貨很浪費，所以「無駄」意指浪費。牽著沒載貨的馬既「無駄足」（白跑一趟）又「無駄骨を折る」（徒勞無功）。

「**はなむけ**」指的是送給要出遠門或要調職等等的人禮物或餞別感言。平安時代稱其為「馬のはなむけ」，後來才省略為「はなむけ」。它原本指的是「鼻向け」，也就是即將啟程的馬匹鼻尖所朝向的方位。給人騎的馬稱為「乗馬」，體質比「乗馬」差的馬匹則稱「駄馬」，用來載貨。通常當「駄馬」的都是雌馬。

日本原有的馬非常小。根據已出土的鎌倉時代馬匹骨骸來看，雖然也有馬匹高達一九〇公分，不過馬匹的平均身高大約為一二九公分。英國培育出的純種馬（Thoroughbred）高度則超過一五八公分。

因此日本騎馬的武士，其實是騎著迷你馬一般的小型馬匹。武士的鎧甲全套裝備重達七十公斤，假設騎馬者的體重是六十公斤的話，馬背上等於要乘載一三〇公斤的重量，所以這些騎馬武士不可能急速奔馳，只能搖搖晃晃前行。如果武士們騎的是公馬，行動較不易控制。源平之戰時，源義経的騎兵隊是以時速三公里襲擊對手，比人走路的速度還慢。

江戸時代時，北海道好像有引入體型稍大一點的馬匹。文政二年（1819）二月十四日，松前藩（位於今北海道南部）的藩主想測試新買的馬「錦帆」，令家臣蠣崎広晃長途騎馬至鎌倉去。「錦帆」凌晨四點從位於江戸下谷（位於今東京都台東區）的居所出發，早上九點抵達鎌倉八幡宮（位於今神奈川縣鎌倉市）。東京下谷到鎌倉有六十公里，其時速應有十二公里以上。

蠣崎広晃稍作休息後，又跨上「錦帆」，在下午四點回到下谷的居所。他在隔天又於同樣時間騎乘「錦帆」從居所跑到鎌倉。這次到達鎌倉八幡宮的時間是早上十一點，「錦帆」的時速已經降到8.5公里，回程更是緩慢，晚上八點才回到家。看來當時的日本人不知道馬蹄鐵的存在，其實「錦帆」的馬蹄已不堪負荷。因此松前藩不再長途騎馬到鎌倉去。他們在六年後才又重新做了測試，讓騎士連續五天往返鎌倉八幡宮，並每天換一隻馬——看來他們應該學到教訓了。

幕末時，擔任外國人警備任務的騎兵隊曾感嘆道：「外国人（がいこくじん）の馬は大きいから、いくら警備（けいび）で随行（ずいこう）しようとしても、どんどん離（はな）されてしまう。馬の尻（しり）さえ見（み）えないのです」（因為外國人的馬體型較大，不管我們為了警備再怎麼想跟在旁邊，都會漸漸被拉開距離。連馬屁股都看不到）。

明治時代陸軍的騎兵隊並不懂得幫雄馬去勢，因此馬匹在戰場上狂暴至極。日軍雖在清末的義和團事件（1900）中大展身手，西方軍人看見日本軍的馬卻是這麼說的：「日本軍は馬のような恰好（かっこう）の猛獸（もうじゅう）を使用（しよう）している」（日軍使用的是長得像馬一樣的猛獸）。

古川爺爺的吐嘈

到了日俄戰爭（明治三十七－三十八年（たいしょう），1904－1905），日軍才知道要為軍馬去勢。去勢的成效約在大正時期才顯現出來。過去的日本人似乎認為，為馬匹去勢會造成馬腎虛。這種把馬當成人看待的思維，應該和日本人總下意識地使用跟馬有關的詞彙有共通之處吧？

運動会
ランドセル

運動會本來是示威遊行？

明治時代

現代日本人這樣說

「子供の運動会に行ったら、カメラの砲列だよ。それもみんな最新式のビデオカメラとくる。驚いたね」（我去參加小孩的運動會，結果現場大砲相機擺成一整排，而且大家拿的都是最新的錄影機。好驚人啊）。「それはそうだろう。なんだって世界に唯一の珍しい行事なんだから」（這也是當然的吧。畢竟這可是世界上絕無僅有的特殊活動呢）。

聽到這段對話，大概有很多日本人會一臉問號吧！畢竟只要是日本人的話，都有參加運動會的經驗，也沒有人會想到「運動会」居然是世界上其他學校都不會辦的活動。請各位回想一下記憶中的外國電影之類的，裡面可能有孩子們參加運動賽事的畫面，但應該沒有看過運動會場面的印象吧？

原來是這個樣

「小学」一詞，在儒學中指用來教王公貴族子弟的「六藝」。朱子學裡的「小学」是指「少年製作的儒學基礎書籍」。在江戶時期，就已有「寺子屋」（教育貧困家庭兒童之處，在寺院進行）與「手習所」（寺子屋的別稱，相當於私塾）負責進行初等教育。江戶府內規模達數十人的手習所有七七五間，再加上武蔵国（相當於今東京都、埼玉県、及部分神奈川縣範圍）全域，總共有一三六〇所，是當時全日本「寺子屋」最密集的地區。（《東京都百年史》）

根據明治政府在明治五年（１８７２年）頒布的《学制》，設置「小学校」（小學）的教育目標是：「道徳及び国民教育の基礎、その生活に必須の知識と技能を授ける」（小學為道德及國民教育的基礎，教授國民生活所需之知識及技能）。成為國民所必需的「技能」，簡而言之即是「團體行動」。

江戶時代的日本人無法整隊、同時行進、進行團體運動。他們在步行間伸出某側腳的時候，會同時伸出同一側的肩膀與手臂。這在日文原本叫做「ナンバ」（同手同腳），近年來統一改稱「常足」（同手同腳）。此種走路姿勢並不適合日本國軍士兵，因此當時的日本小學致力於教授「團體行動」與「體操」的技能——也就是「運動」及「列隊行進」。

原本日本人也不會齊聲歌唱。到了明治初期，政府會讓人民一邊共同高聲朗誦[17]「五ヶ条のご誓文」，一邊練習像現代人一樣手腳交錯著列隊步行。明治二十年代開始，則改以軍歌練習列隊行進。在這之前，「**運動会**」（運動會）是大人做的事；指的正是[18]「自由民權運動」抗爭時的遊行隊伍。

而小學則是在明治二十七年（１８９４）才開始舉辦「運動会」。當時的文部大臣（相當於臺灣的教育部長）井上毅主張「知育偏重の教育は弊害がある。それを矯正するための運動会」（偏重傳授知識的教育有其弊病。為了矯正這樣的教育，須舉辦運動會），同年八月發出訓令，運動會因此如雨後春筍般冒出。同年發生的中日甲午戰爭中，也發揮了小學體操的成果。這些小小的士兵預備部隊，會在校園裡，父親兄長、親戚、外校來訪孩童的面前舉辦運動會。而運動場較狹窄的小學，則舉辦到野外「行軍」的「遠足運動会」。

「**ランドセル**」（日式小學後背式書包）原本是陸軍使用的背囊，後來被学習院[19]初等科採用作為書包，在明治三十年左右普及全國。如果去找描繪中日甲午戰爭的畫作，會發現士兵都背著「ランドセル」。雖然當時的小學生感覺就已經跟「少年兵」（未滿十八歲而入隊當兵的少年少女；童兵）一樣，不過孩子之間還是會因為便當菜色、用語優雅與否而彼此霸凌。

古川爺爺的吐嘈

某位老人回想他在明治三十年代的小學生活，去學校的時候他都必須幫大一歲的孩子拿背包的往事：「じつに毎日毎日つらかったです。時々小さな体に本人（イジメっ子）のカバンや弁当などみな持たせるのです。それでも一生懸命歩き、また

17【譯註】明治政府成立初期所制定的基本政策方針。

18【譯註】明治前期以制定憲法、建立議會、減輕地租等為主要訴求發起的民主主義運動。

19【譯註】1877年成立於東京都神田錦町的華族（貴族）私立學校。

駆ければ、ハアハアいってついていかなければならない、こんな事があるものかと泣き泣き通ったものです」（每天每天都真的非常痛苦。有時候我的小小身軀必須背起對方（欺負人的孩子）所有的包包跟便當等物品……即便如此，我還是要奮力地往前走。如果對方跑起來的話，我還必須氣喘吁吁地追在後面。一邊想著怎麼會發生這種事，一邊淚流滿面的上學）（[20]湯沢雍彦等・《百年前の家庭生活》クレス出版）。

當時的小孩上完課之後，還要回家幫忙家中工作。看樣子，以前的孩子跟現代孩子一樣，都沒有玩樂的時間呢……

20 【編註】原文作「湯沢・中沢他」，但經查詢後，這本書的作者群裡並沒有人姓「中沢」。這本書的作者群，分別是「湯沢雍彦、奧田都子、中原順子、佐藤裕紀子」四人。

主要參考文獻

●古川爺爺的參考文獻

1. 日本大辭典刊行会編，《日本国語大辞典》（全十巻），小学館。
2. 白川静，《字通》，平凡社。
3. 藤堂明保等編，《漢字源》，学研。
4. 《スーパー・ニッポニカ》（CD—ROM版），小学館。
5. 土井忠生等譯，《邦訳日葡辞書》，岩波書店。
6. 前田勇編，《江戸語大辞典》，講談社。
7. 大槻文彦，《言海》，筑摩書店。
8. 槌田満文，《明治大正風俗語典》，角川書店。
9. 奥山益朗，《現代流行語辞典》，東京堂。
10. 《現代用語の基礎知識》，自由国民社。
11. 三井銀行編，《ことばの豆知識》（全五巻），ダイヤモンド社。
12. 中野栄三，《性風俗事典》，大文館書店
13. 中野栄三，《陰名語彙》，大文館書店。
14. 宮武外骨，《わいせつ廃語辞彙・わいせつ風俗史》，有光書房。
15. 楳垣実，《隠語辞典》，東京堂。
16. 網野善彦等編，《日本の歴史》（一～二十），講談社。
17. 平川南等編，《全集日本の歴史》（一～九），小学館。
18. 朝尾直弘等編、《日本の社会史》（全八巻），岩波書店。
19. B・フェイガン著，東郷・桃井譯，《歴史を変えた気候大変動》，河出書房新社。
20. 山本武夫，《気候の語る日本の歴史》，そしえて。
21. 繁田信一，《殴り合う貴族たち》，柏書房。
22. 清水克行，《喧嘩両成敗の誕生》，講談社。
23. 川合康，《源平合戦の虚像を剥ぐ》，講談社。
24. 高橋昌明，《武士の成立　武士像の創出》，東京大学出版会。
25. 岩井伝重，《軽井沢三宿と食売女》，櫟。
26. 阿部昭，《江戸のアウトロー》，講談社。
27. 勝俣鎮夫等著，《中世の罪と罰》，東京大学出版社。
28. 小和田哲男，《呪術と占星の戦国史》，新潮社。
29. 藤木久志，《新版　雑兵たちの戦場》，朝日新聞社。
30. 尾崎竹四郎，《新釈青森県史》（中），東奥日報社。
31. 今谷明，《戦国大名と天皇》，講談社。
32. 山田邦明，《戦国のコミュニケーション》，吉川弘文館。
33. 上野利三，《幕末期伊勢商人の文化史的研究》，多賀出版。

34. エ・プルチョウ，《江戸の旅日記》，集英社。
35. 板坂耀子，《江戸を歩く》，葦書房。

●懸命聽故事的中文「翻譯」和「編輯」的參考文獻（按出版年順）

【書籍】

1. 植木直一郎，《皇室の制度典礼》（東京：川流堂小林又七本店，1914年）。
2. 太田亮，《日本古代氏族制度》（東京：磯部甲陽堂，1917年）。
3. 内田銀蔵，《日本経済史の研究》（東京：同文館，1924年）。
4. 官幣大社淺間社社務所編，《富士の研究1　富士の歴史》（東京：古今書院，1928年）。
5. 黒板勝美、丸山二郎校訂，《古今著聞集》（東京：岩波書店，1940年）。
6. 鈴木良一，《豊臣秀吉》（東京：岩波書店，1941年）。
7. 宇賀神味津男編曲，《日本俚謡名曲集》（東京：新興音楽出版社，1943年）。
8. 新村出編，《広辞苑　第二版》（東京：岩波書店，1969年）。
9. 日本歴史大辞典編集委員會編集，《日本歴史大辞典　増補改訂版》（東京：河出書房新社，1972年）。
10. 大野晋等編，《岩波古語辞典》（東京：岩波書店，1982年）。
11. 紫式部著，林文月譯，《源氏物語　修訂版》（台北：中外文學月刊，1982年）。
12. 旧事諮問会編，進士慶幹校註，《旧事諮問録：江戸幕府役人の証言》（東京：岩波書店，1985年）。
13. 総合佛教大辞典編集委員会編，《総合佛教大辞典》（京都：法蔵館，1987年）。
14. 梅棹忠夫等監修，《日本語大辞典》（東京：講談社，1989年）。
15. 康義勇，《論語釋義》（高雄：麗文文化事業，1993年）。
16. 澤田久雄：《日本地名大辞典》（東京：日本図書センター，1996年）。
17. 奥田勲等校註・譯，《新編日本古典文学全集　88・連歌論集　能楽論集　俳論集》（東京：小学館，2001年）。
18. 薗田稔、橋本政宣編，《神道史大辞典》（東京：吉川弘文館，2004年）。

【期刊・報紙】

1. 野村晋域，〈戦国時代に於ける嚴島町の発達〉，《社会経済史学》第7巻第3號，1937年，頁338—359。
2. 野村兼太郎，〈幕末農間渡世調査の意義〉，《三田学会雑誌》第37巻第7號，1943年7月，頁563—605。
3. 玉置豊次郎，〈地方都市建設の史的研究〉《日本建築学会論文集》第40巻，1950年，頁76—83。
4. 藤岡謙二郎，〈国府研究における歴史地理学的課題について〉，《地理学評論》第30巻第8號，1957年8月，頁633—652。
5. 井之口有一・堀井令以知，〈尼門跡の言語生活からみた女房詞の研究（I）：御所ことばを訪ねて〉，《西京大学学術報告・人文》第9巻，1957年11月，頁84—115。
6. 廣瀬朝光，〈戯作評判記「江戸土産」をめぐって〉，《近世文藝》第12巻，1965年，頁50—60。
7. 横山七郎，〈和製漢字新考〉《帯広畜産大学学術研究報告・第II部》第3巻第1號，1965年3月，頁50—82。
8. 長倉素子，〈人宿組合と武家奉公人〉，《学習院史学》第5號，1968年12月，頁15—38。
9. 《朝日新聞》第12版，1970年4月3日朝刊。
10. 石沢澈，〈近代経済社会の構造と経済法則〉，《北海道教育大学紀要・社会科学編》第21巻第2號，1971年2月，頁23—36。
11. 笹川祥生，〈「陰徳記」から「陰徳太平記」へ：戦国軍記の衰頽〉《京都府立大学学術報告・人文》第23巻，1971年10月，頁40—51。
12. 篠塚昭次，〈都市問題と土地法の原理：その原点にかえって〉，《調査季報》第31巻，1971年，頁8—16。
13. 柳哲雄，〈屋島の戦いにおける潮汐・潮流〉，《海の研究》第2巻第2號，1993年4月，頁93—95。
14. 女鹿潤哉，〈用字変遷より見たる古代「えみし」についての一考察〉，《弘前大学國史研究》第104號，1998年3月，頁1—27。
15. 増田廣實，〈内藤新宿の人とくらし：十八世紀中頃の絵地図を手掛かりに〉，《文藝論叢》第35巻，

1999年，頁2—12。

16. 楊曾文，〈雪竇重顯及其禪法〉，《中國禪學》第1巻，2002年，頁180—194。

17. 石井由紀夫，〈軍記物語における人物論の諸問題〉，《語学文学》第41號，2003年，頁33—42。

18. 坪井美樹，〈男手・女手：「性差」による表記様式の分類〉，《筑波日本語研究》第8號，2003年11月，頁1—21。

19. 和氣俊行，〈享徳の乱と応仁・文明の乱——二乱における政治的対立構造についての考察——〉，《法政史学》第62巻，2004年9月，頁41—62。

20. 橋本昭彦，〈江戸時代の評価における統制論と開発論の相克：武士階級の試験制度を中心に〉，《国立教育政策研究所紀要》第134巻，2005年3月，頁11—30。

21. 三上隆三，〈銭貨時代から三貨制度時代への脱皮〉，《経済理論》第328巻，2005年11月，頁55—85。

22. 大平聰，〈留学生・僧による典籍・仏書の日本将来：吉備真備・玄昉・審祥〉《専修大学社会知性開発研究センター東アジア世界史研究センター年報》第2巻，2009年3月，頁129—148。

23. 西田健志、五十嵐健夫，〈傘連判状を採り入れたコミュニケーションプロトコル〉，《情報処理学会論文誌》，第51巻，2010年1月，頁45—53。

24. 木村尚志，〈中世の旅の歌枕と東国：新古今時代を中心に〉，《東京大学国文学論集》第5巻，2010年3月，頁57—72。

25. 岩田澄子，〈竹川竹斎と静岡〉，《茶の湯文化学会会報》第72號，2012年，頁8—9。

26. 橋本佐保，〈寛政改革期における小普請組の制度改革〉，《史苑》第73巻第1號，2013年1月，頁139—162。

27. 武林弘恵，〈近世後期の都市振興政策と飯盛女：奥州二本松藩の事例〉，《人文学報・歴史学編》第41號，2013年3月，頁1—32。

28. 成田徹男，〈接頭辞「お～」と接尾辞「～さん」をともなう語彙の意味用法の記述〉《人間文化研究》第19巻，2013年6月，頁109—120。

29. 久留島典子，〈戦功の記録：中世から近世へ〉，《国立歴史民俗博物館研究報告》第182巻，2014年1月，頁167—181。

30. 前嶋敏，〈米沢藩中条氏における系譜認識と文書管理〉《国立歴史民俗博物館研究報告》第１８２巻，２０１４年１月，頁１１５—１４５。

31. 寺本益英，〈日本茶・宇治茶の文化的価値とその再評価をめぐって〉，《経済学論究》第６８巻，２０１４年１２月，頁１６７—１８９。

32. 大田由紀夫，〈「撰銭の世紀」をめぐる応答〉，《鹿大史学》第６２巻，２０１５年，頁１—１６。

33. 湯浅幸代，〈『源氏物語』の立后と皇位継承：史上の立后・立坊例から宇治十帖の世界へ〉，《中古文学》第９８巻，２０１６年，頁７５—８９。

34. 鈴木奈生，〈【書評】棚橋正博著『黄表紙の研究』（１９９７）〉，《千葉大学人文社会科学研究》第３２號，２０１６年３月，頁２９—３５。

35. 小倉慶郎，〈日本語の固有語と高級語彙の使い分けについて：英日通訳の授業から〉，《大阪大学日本語日本文化教育センター授業研究》第１５期，２０１７年２月，頁１９—３０。

36. 岩井茂樹，〈禅と痴漢〉，《日本語・日本文化》第４４巻，２０１７年３月，頁７３—８４。

37. 藤田智子，〈市場通笑のうがち：桃太郎の黄表紙における朋誠堂喜三二との比較〉，《国際日本学論叢》第１５期，２０１８年４月，頁５９—８１。

38. 戸塚唯氏、伊勢崎翼：〈江戸後期から明治初期における銚子地域の寺子屋師匠〉《千葉科学大学紀要》第１２號，２０１９年２月，頁１３９—１５１。

39. 手塚智恵子，〈『落窪物語』論：鏡を奪えない愚かな継母〉，《学習院大学大学院日本語日本文学》第１５號，２０１９年３月，頁１—１２。

40. 佐古愛己，〈朝覲行幸にみる天皇と儀礼〉，收入京都女子大学公開講座平成３０年宗教・文化研究所公開講座シリーズ京都の歴史と文化２０：「天皇譲位」の時代—院政期の政治と文化，《研究紀要》第３３號（京都：京都女子大学宗教・文化研究所，２０２０年２月），頁２７—３９。

41. 大脇由紀子，〈崇神天皇条に出現した少女——古事記と日本書紀の比較から〉，《中京大学文学会論叢》第６期，２０２０年３月，頁２１—４０。

42. 今堀洋子，〈修験道に焦点をあてたまちづくりの可能性——羽黒修験道を事例に—〉，《追手門学院大学地域創造学部紀要》第５巻，２０２０年３月，頁１—１９。

發現日本07

日本語演化論：

誰說笑門福必來？一本掀開154個詞語面紗的庶民生活史

「茶柱が立った」と聞いて、江戸の旦那は腰を抜かす：言葉で読み解く日本の歴史と庶民の暮らし

作　　者：古川愛哲
譯　　者：吳羽柔
主　　編：尹筱嵐
編　　輯：陳俐君
校　　對：陳俐君
版形設計：hcc graphics謝捲子
封面設計：hcc graphics謝捲子
內頁排版：簡單瑛設
行銷企劃：陳品萱

發 行 人：洪祺祥
副總經理：洪偉傑
副總編輯：曹仲堯
法律顧問：建大法律事務所
財務顧問：高威會計師事務所

出　　版：日月文化出版股份有限公司
製　　作：EZ叢書館
地　　址：臺北市信義路三段151號8樓
電　　話：(02) 2708-5509
傳　　真：(02) 2708-6157
客服信箱：service@heliopolis.com.tw
網　　址：www.heliopolis.com.tw
郵撥帳號：19716071日月文化出版股份有限公司

總 經 銷：聯合發行股份有限公司
電　　話：(02) 2917-8022
傳　　真：(02) 2915-7212

印　　刷：中原造像股份有限公司
初　　版：2020年11月
定　　價：350元
I S B N：978-986-248-917-8

日本語演化論：誰說笑門福必來？一本掀開 154 個詞語面紗的庶民生活史 / 古川愛哲著；吳羽柔譯．-- 初版．-- 臺北市：日月文化，2020.11
面；　公分．--（發現日本；7）
譯自：「茶柱が立った」と聞いて、江戸の旦那は腰を抜かす：言葉で読み解く日本の歴史と庶民の暮らし
ISBN 978-986-248-917-8（平裝）
1. 日本史　2. 日語　3. 文化研究
731.1　　109013109